W0272060

ROSEN
für jeden

Robert Markley

ROSEN
für jeden

Sorten, die wirklich Freude machen
Richtig auswählen, kombinieren, pflegen

blv

Inhalt

Einführung

SCEPTER'D ISLE
DAVID AUSTIN

Rosen kaufen, pflanzen und pflegen

Der grüne Fachhandel bietet eine erstaunliche Vielfalt. Nutzen Sie das Angebot regionaler Spezialisten und lassen Sie sich, besonders bei der Sortenauswahl, ausführlich beraten.

Rosenkauf: Vielfalt des Angebots

Dieses Rosenbuch beginnt dort, wo Rosenfreunde und die Königin der Blumen, wie die Rose auch poetisch genannt wird, endgültig zueinander finden, nämlich beim Einkaufen in einem GartenCenter oder einer Baumschule. Bereits beim Kauf präsentiert sich die Rose in einer Vielfalt, die keine andere Gartenpflanze bietet und manchen Neuling verunsichert. Damit Sie von Anfang an den Überblick behalten, sollten Sie die wichtigsten Angebotsformen der Gartenrosen kennen, vor allem, da sie auch für den späteren Erfolg – neben der Sorten- und Standortauswahl – entscheidend sind. Kaufen Sie schlechte oder für die Jahreszeit unpassende Pflanzware, werden Sie auch bei richtiger Pflege kaum zu einem rosigen Erfolg gelangen.

Wurzelnackte Pflanzen

Die klassische Angebotsform für Rosen ist die wurzelnackte Pflanzware. Wurzelnackt heißt, dass die Rosenwurzeln nackt und ohne Erde verkauft werden. Eine erfolgreiche Pflanzung wurzelnackter Rosen kann nur funktionieren, wenn sich die Pflanzen in absoluter Winterruhe befinden. Die Pflanzen dürfen nicht ausgetrieben haben, und die empfindlichen Wurzeln müssen konsequent vor Austrocknung geschützt werden. Wurzelnackte Rosen sind die preiswerteste Angebotsform für Rosen und meist in Baumschulen zu finden.

Wurzelnackte Rosenpflanzen sind eine besonders preiswerte Angebotsform für die Herbst- und Frühjahrspflanzung.

◄ Eingetopfte Rosen sind pflanzfertig geschnitten und wachsen gut an.

Verpackte Rosen

Gartenabteilungen von Baumärkten bieten häufig im Herbst und im Frühjahr verpackte Rosen an. Bei dieser Angebotsform umhüllt ein Feuchtigkeit spendendes Material (z. B. Pflanzerde) die Wurzeln. Zusammen mit einem großen Farbbild kommt die so vorbereitete Rose in eine Folientüte. Oft ist sogar eine Pflanzanleitung gleich mit dabei. Verpackte Rosen müssen nicht besser oder schlechter als andere Rosen sein. Vorsicht ist jedoch bei überlagerter Ware geboten, die zu lange in warmen Verkaufsräumen gelegen und in der Verpackung bereits neue Triebe gebildet hat. Sie wächst in der Regel nur schlecht an. Kritisch sind auch Angebote ohne genaue Sortenbezeichnung zu bewerten. Der Kauf namenloser Rosen ist ein Lotteriespiel mit ungewissem Ausgang.

Eingetopfte Rosen

Eine Weiterentwicklung der verpackten Rosen sind eingetopfte Rosen. Diese Verkaufsware steht meistens in einem kleinen, viereckigen Topf, an dem ein farbiges Sortenbild befestigt ist. Die Rosen sind bereits pflanzfertig geschnitten und können – bei entsprechender Pflege an der Verkaufsstelle – durchaus einige Wochen in ihrem Gefäß aushalten, ohne Schaden zu nehmen. Junge Triebe an den Pflanzen sind hier kein Makel. Allerdings sollten Sie unbedingt darauf achten, dass bereits aktive Wurzeln beim Austopfen nicht zerstört werden und unbeschadet im Pflanzloch landen. Der Einkaufspreis für eingetopfte Rosen liegt zwischen dem für wurzelnackte Ware und dem für Containerrosen.

Containerrosen

Containerrosen sind die Angebotsform der Zukunft für Gartenrosen, die Containerrose ist die S-Klasse unter den Angebotsformen der Rose. Insbesondere für Roseneinsteiger bieten Containerrosen unschlagbare Vorteile. Containerrosen werden in einem großen Kunststofftopf, dem so genannten Container, kultiviert. Daher können sie blühend und voll belaubt gekauft und gepflanzt werden: Sie sehen also, was Sie kaufen. Zudem wachsen Containerrosen selbst bei einer Pflanzung mitten im Hochsommer sicher an, da ihr Wurzelballen auch nach dem Austopfen komplett erhalten bleibt und alle grünen Pflanzenteile weiterversorgen kann. Natürlich sind hochwertige Containerrosen aufgrund des größeren Kulturaufwandes teurer als alle anderen Angebotsformen. Meist benötigt

▲ Verpackte Rosen werden vor allem im Frühjahr angeboten.

◄ Containerrosen haben ihren Preis, wachsen aber sicher an und sind für Einsteiger ideal – denn Sie sehen, was Sie kaufen.

Kaufen Sie keine Rosen ohne genaue Sortenbezeichnung. Einwandfreie Ware trägt ein Etikett mit den wichtigsten Sorteninformationen.

So kommen die Rosensorten zu ihren Namen

Das Züchten neuer Rosensorten ist kein Geschäft für Ungeduldige. Es dauert etwa acht Jahre, bis aus Tausenden von Kreuzungen eine neue marktfähige Rosensorte entsteht. Damit sich dieser Aufwand lohnt, ist ein werbewirksamer Name wichtig. Rosenzüchter lassen ihre Sortennamen warenzeichenrechtlich © schützen, damit keine Trittbrettfahrer vom Erfolg eines Bestsellers ohne Eigenleistung profitieren können.

man aber nur wenige Rosenpflanzen, sodass sich der Mehrpreis relativiert und die Vorzüge nicht geschmälert werden. Möchten Sie größere Stückzahlen pflanzen, bleibt immer noch die Möglichkeit, auf die preiswertere wurzelnackte Pflanzware zurückzugreifen.

Die besten Pflanzzeiten

Gartenrosen können das ganze Jahr über gepflanzt werden. Eine Ausnahme bilden lediglich Kälteperioden mit Bodenfrost. Wer die zur Jahreszeit passende Angebotsform wählt, schafft damit nicht nur die Grundlage für eine erfolgreiche Rosenpflanzung, sondern spart auch richtig Geld. Es macht zum Beispiel wenig Sinn, hochpreisige Containerrosen im Herbst zu pflanzen, der die optimale Jahreszeit für den Einsatz preiswerter Wurzelware ist.

Herbstpflanzung

Von Mitte Oktober bis Mitte November reicht die ideale Pflanzzeit für verpackte und wurzelnackte Rosen. Der Gartenboden verfügt noch über sommerliche Restwärme, die den Neuankömmlingen bei der Wurzelbildung gut tut. Kaufen und pflanzen Sie keine verpackten und wurzelnackten Rosen vor dem 1. Oktober eines Jahres. Diese Ware ist zu früh geerntet, und die noch grünen Triebe sind nur ungenügend ausgereift und damit wenig wintertauglich.

Frühjahrspflanzung

Im zeitigen Frühjahr, d. h. bis etwa Ende April, können Sie wurzelnackte und verpackte Rosen ebenfalls ohne Bedenken pflanzen. Je weiter wurzelnackte und verpackte Ware ausgetrieben ist, umso mehr Anwachsschwierigkeiten sind allerdings zu erwarten. Wer in besonders kalten Regionen zu Hause ist, sollte grundsätzlich die Frühjahrspflanzung der Herbstpflanzung vorziehen, um Winterschäden auszuschließen.

Sommerpflanzung

Dank des großen Angebotes an Containerrosen ist der Sommer zur Hauptpflanzzeit für Gartenrosen aufgestiegen – ohne Anwachsrisiko. Dies war vor wenigen Jahren noch undenkbar. Achten Sie aber unbedingt darauf, dass Sie auch Containerrosen nach der Pflanzung kontinuierlich bewässern. Ab dem zweiten Standjahr haben sich die Rosen meist so gut etabliert, dass sie sich selbst mit Wasser versorgen können.

Die besten Bezugsquellen

Viele Wege führen zu Ihrer Wunschrose. Dabei ist die Wahl der Einkaufsstätte ganz entscheidend davon abhängig, inwieweit Sie Ihre Sortenwahl bereits eingegrenzt haben. Wer ausführliche Beratung wünscht, wird sich eher für einen Einkauf vor Ort entscheiden. Steht der Sortenwunsch bereits fest, kann ein Postversender die richtige Adresse für Sie sein.

Postversand

Alle renommierten Rosenzüchter unterhalten einen Postversand ihrer Sorten. Auswählen können Sie aus bebilderten Rosenkatalogen oder Internetpräsentationen, die ständig aktualisiert werden. Daneben bieten hochgradig spezialisierte Rosenkultivateure einen Versand an. Zu diesen Spezialisten zählen in erster Linie namhafte Anbieter alter Rosensorten (Adressen siehe im Anhang) in teils riesigen Sortimenten mit hunderten von Sorten. Der Postversand ist vor allem für Rosenfortgeschrittene, die genau wissen, was sie wollen, und oft Ausgefallenes suchen, ein idealer Weg, um an die gewünschten Rosen zu kommen. Bisher kamen ausschließlich wurzelnackte Rosen zum Versand. Deshalb beschränkte sich die Auslieferung auf die üblichen Pflanzzeiten im Herbst und im Frühjahr. Mittlerweile können dank spezieller Kartonagen aber auch Containerrosen während der Sommerzeit per Post schadlos transportiert werden.

Einkauf vor Ort

Wenn Sie eine detaillierte Beratung wünschen und noch keine rechte Vorstellung von Ihrer zukünftigen Rosensorte haben, sollten Sie sich in gut sortierten GartenCentern und Garten-Baumschulen ausführlich beraten lassen. Zudem können Sie dort während der Sommermonate viele Rosen als blühende Containerrosen »live« in Augenschein nehmen, frei nach dem Motto: Eine echte Rosenblüte sagt mehr als tausend bunte Katalogbilder. Auch das möglicherweise entscheidende, jedoch kaum zu beschreibende Kaufkriterium Duft sollten Sie mit den eigenen Sinnen erfassen und bewerten.

▲ Mittlerweile gehen auch blühende Containerrosen mitten im Sommer per Post auf die Reise.

◄ Nur wenige Rosensorten gedeihen überall gleich gut. Regionale Anbieter wissen am besten, welche Sorten vor Ort pflegeleicht und vital sind.

► Wildtriebe können bei jeder veredelten Gartenrose immer wieder auftreten. Entfernen Sie die unerwünschten Rosentriebe möglichst bodennah.

Der Kauf direkt beim Erzeuger, sprich den Baumschulen, bietet noch einen weiteren Vorteil: In der Region herangezogene Ware ist auf die klimatischen Gegebenheiten vor Ort abgestimmt. Die Baumschulen wissen sehr gut, was bei Ihnen wächst und was nicht. Wer Wert auf Ware mit Herkunftsnachweis legt, ist hier gut bedient. Manche Betriebe etikettieren sogar ihre Rosenfelder und öffnen sie im Sommer dem Publikum. Ein Spaziergang durch blühende Rosen ist ein lehrreicher Genuss für die ganze Familie.

Was bedeutet »Veredlung«?

Bevor Sie die einzelnen Kriterien zum Erkennen guter Pflanzenqualitäten näher kennen lernen, sollten wir uns kurz dem Begriff »Veredlung« widmen, der im Zusammenhang mit Gartenrosen immer wieder auftaucht. Die so genannte Veredlungsstelle ist als wulstartige Verdickung zwischen den braunen Wurzeln und den grünen Rosentrieben leicht zu erkennen. Alle Gartenrosen werden auf eine Wildlingsunterlage veredelt, die ihnen dauerhaft Kraft und Vitalität verleiht. Die Veredlungsstelle spielt beispielsweise eine wichtige Rolle beim Pflanzen der Rosen und bei ihrer späteren Pflege.

Es kommt immer wieder vor, dass aus der Unterlage so genannte Wildtriebe herauswachsen. Entfernen Sie diese Wildtriebe direkt an der Ansatzstelle. Bleiben Triebstummel zurück, sind die nächsten Wildtriebe, die der Edelsorte Kraft und Nährstoffe streitig machen, vorprogrammiert. Deshalb ist es sinnvoll, die Erde rund um die Ansatzstelle zu entfernen, damit der wilde Trieb komplett und sauber entfernt werden kann. Nach dem Schnitt wird die entsprechende Wurzelstelle wieder mit Erde bedeckt.

► Jede Gartenrose weist eine knollenartige Verdickung zwischen den ober- und unterirdischen Trieben auf. Diese Veredlungsstelle spielt beim Pflanzen eine wichtige Rolle.

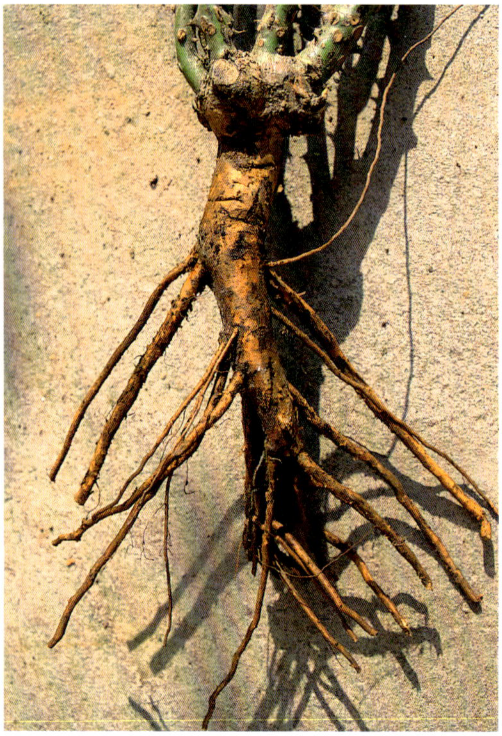

► ► Kleinere Wildtriebe können Sie direkt an der Ansatzstelle ausreißen. So bleiben keine Triebstummel zurück.

Qualität erkennen

Gute Rosensorten haben in der Regel ihren Preis. Deshalb sollte auch die Pflanzenqualität stimmen, um der Rosenpflanzung einen optimalen Start zu geben. Für die wichtigsten Angebotsformen hat der Bund deutscher Baumschulen – der Berufsverband der Baumschulen mit Sitz in Pinneberg bei Hamburg – Gütebestimmungen für veredelte Rosen festgelegt. Im guten Fachhandel sollten die Beachtung der Gütebestimmungen für Rosen und der Verkauf ausschließlich unbeschädigter und sachgemäß behandelter Ware selbstverständlich sein.

Güteklassen erkennen

Gartenrosen werden in zwei Güteklassen unterteilt:
Buschrosen der Güteklasse A weisen – neben einem gut verzweigten Wurzelwerk – mindestens drei starke Triebe auf. Mindestens zwei dieser Triebe müssen der Veredlungsstelle entspringen. Der dritte Trieb darf bis zu 5 cm über der Veredlungsstelle ansetzen.
Buschrosen der Güteklasse B sind nicht schlechter als A-Rosen, zählen aber weniger Triebe. Sie haben ein gut verzweigtes Wurzelwerk, allerdings müssen sie insgesamt nur zwei starke Triebe aufweisen, die beide der Veredlungsstelle entspringen.

Die Gütebestimmungen für **Stammrosen** besagen, dass neben der Triebzahl auch die Anzahl der vorhandenen Veredlungsstellen zu berücksichtigen ist. Die Krone sollte sich aus kräftigen Trieben, die mindestens zwei Veredlungsstellen entspringen, zusammensetzen. Kronen mit lediglich einer Veredlungsstelle neigen zu einseitigem Wuchs und dürfen nicht als A-Qualität angeboten werden.
Laut Baumschulverband hat eine gute **Containerrose** einen Topf mit einem Mindestvolumen von zwei Litern und zeichnet sich durch eine gute Durchwurzelung ihres Ballens aus. Vom Kauf von Containerrosen, die erst kurz vor dem Verkauf in die Container getopft wurden und den Topf noch nicht ausreichend durchwurzelt haben, sollten Sie Abstand nehmen. Sie wachsen nach dem Pflanzen in der Regel – wenn überhaupt – nur schlecht weiter, da für die Versorgung der bereits ausgebildeten Belaubung kein ausreichendes Wurzelwerk zur Verfügung steht.

▲ Kaufen Sie nur Stammrosen der Güteklasse A. B-Qualitäten haben nur eine Veredlungsstelle und entwickeln sich immer einseitig.

Standortwahl: Majestät brauchen Sonne

Die Königin der Blumen ist ein echtes Sonnenkind. Zwar kommen einige wenige Sorten und bestimmte Wildrosen mit etwas weniger Blütentreibstoff aus, aber diese Ausnahmen bestätigen letztendlich nur die Regel: Rosen lieben Licht leidenschaftlich. Lassen Sie sich deshalb bei der Wahl des Pflanzplatzes für Ihre Rosenträume auf keine Kompromisse ein. Rosen sind Sonnenkinder, die sich in halbschattigen bis schattigen Gartenbereichen äußerst unwohl fühlen. Für lichtarme Standorte bieten Gärtnereien eine ganze Reihe anderer Pflanzen an, die sich dort ohne übertriebenen Aufwand kultivieren lassen: Hortensien und Funkien beispielsweise oder Buchs und Mahonien sind nur einige der vielen Möglichkeiten, an denen Sie unter solchen Bedingungen sicherlich ungleich mehr Freude haben werden.

◄ Buschrosen der Güteklasse A (links) besitzen mehr Triebe als B-Qualitäten (rechts). Deshalb werden B-Qualitäten auch etwas preisgünstiger angeboten.

► Nur auf einem sonnigen, luftigen Standort mit durchlässigem, tiefgründigem Boden kann die Rose all ihre Talente voll ausspielen.

Der Faktor Sonne ist nicht nur wegen der Blütenbildung wichtig für die Königin der Blumen. An einem sonnigen Standort trocknet einmal nass gewordenes Rosenlaub rasch ab. Bleibt Feuchtigkeit zu lange auf den Blättern liegen, können lästige Rosenpilze wie Sternrußtau und Mehltau Fuß fassen und sich schnell ausbreiten. Deshalb haben Rosen auch nichts unter den Kronentraufen großer Bäume zu suchen, unter denen das Laub nur sehr langsam abtrocknen kann.

Auch ein luftiger Standort lässt Nässe auf dem Rosenlaub rasch verschwinden. Achten Sie deshalb bei der Standortwahl darauf, keinen Platz zu wählen, der in einer windstillen Ecke liegt. Rosen bevorzugen zwar einen Platz an der Sonne, Vorsicht ist jedoch bei extremen Südlagen geboten. Besonders vor heißen Südwänden kann es durch die Reflexionsstrahlung zu einem Überangebot an Licht kommen. In der prallen Sonne leiden vor allem großlaubige Edelrosen, während kleinlaubige Flächenrosen hier viel besser zurechtkommen. Je kleiner das Rosenlaub, desto hitzeverträglicher ist in der Regel eine Rosensorte. Mit dieser einfachen Regel lassen sich Fehlplatzierungen vermeiden.

Bodenvorbereitung: immer schön locker

Kommen wir zum Faktor Boden: Rosen lieben einen tiefgründigen, sandig-lehmigen Boden mit hohem Humusanteil. Die meisten kultivierten Gartenböden sind für eine Rosenpflanzung geeignet, denn letztendlich ist die Rose ein Gehölz wie andere auch. Ihre Ansprüche werden oft übertrieben dargestellt. Im Regelfall kommen Rosen überall zurecht, wo auch andere Ziersträucher gedeihen. Wichtig ist jedoch, dass die Rosenwurzeln ohne Blockaden tief in den Boden gelangen können. Rosen sind ausgesprochene Tiefwurzler, kein anderer Zierstrauch erreicht so tief liegende Bodenschichten wie sie. Deshalb ist vor allem bei Neupflanzungen auf eine ausreichende Tiefgründigkeit zu achten.

In Neubaugebieten wurde bisweilen Mutterboden auf verdichteten Untergrund aufgeschüttet. Die Rosen wachsen hier zwar ein oder zwei Jahre lang scheinbar vital, sobald sie aber die Verdichtungen erreicht haben, stocken sie und kommen nicht weiter. Mit fatalen Folgen: Nicht selten gehen die Rosenstöcke nach einer mehrjährigen Leidenszeit kümmerlich ein. Deshalb gilt: Für eine dauerhaft erfolgreiche Rosenpflanzung ist eine durchwurzelbare Bodenschicht von mindestens 80 cm Tiefe unbedingt notwendig.

Sandige Böden sind keine idealen Rosenböden. Sie können jedoch durch das Beimischen des Bodenhilfsstoffes Bentonit verbessert werden. Er vergrößert die innere Oberfläche leichter Sandböden und sorgt dafür, dass der Boden, zum Beispiel nach Kompostgaben, mehr Nährstoffe für die Rose fixieren kann. Vor allem öfterblühende Gartenrosen haben einen unbändigen Nährstoffhunger und brauchen sommerlang eine entsprechende Bevorratung im Boden. Bentonit kann als Katzenstreu kostengünstig erworben werden. Ist eine Bodenverbesserung nicht möglich, sollten Sie auf leichten Böden vor allem Strauch- und Kletterrosen pflanzen. Diese bleiben auf Sand zwar deutlich kleiner, ermöglichen aber immer noch eine vertretbare Rosenkultur.

Schwere, tonige Böden neigen zu Staunässe und müssen vor einer Rosenpflanzung unbedingt mit Sand nachhaltig aufgelockert werden. Überall dort, wo ein einwandfreier Wasserablauf nicht möglich ist, sollten Sie auf eine Gestaltung mit Rosen verzichten.

▲ Auf rosenmüden Böden wachsen Rosen nur kümmerlich und können sogar eingehen.

▲ Katzenstreu ist ein preiswerter Bodenverbesserer.

◄ Pflanzen Sie niemals Rosen unter die Kronentraufen großer Bäume. Dort trocknet das Laub nur langsam ab und ist pilzanfällig.

Bodenmüdigkeit

Pflanzen Sie keine Rosen auf einen Standort, auf dem bereits jahrzehntelang Rosen gestanden haben. Die Bodenmüdigkeit bei Rosenpflanzungen hat bereits Generationen von Wissenschaftlern beschäftigt, ohne dass bis heute das Geheimnis dieses Phänomens abschließend geklärt werden konnte. Fakt ist, dass Nachpflanzungen von Rosen auf einer Fläche, auf der bereits Rosen kultiviert wurden, meist mit einem Misserfolg enden. Damit Ihnen diese leidvolle Erfahrung erspart bleibt, sollten Sie rosenmüde Böden vor einer Neupflanzung mindestens bis auf eine Tiefe von 80 cm gegen neue Erde austauschen. Die einzige Alternative zu dieser schweißtreibenden Prozedur ist die Wahl eines anderen, rosenfrischen Standortes.

Bodenvorbereitung

Eine Rosenpflanzung ist in der Regel auf viele Jahre angelegt. Damit Ihre Rosenträume rasch Wirklichkeit werden und Ihnen dauerhaft Freude bereiten, sollten Sie der Bodenvorbereitung entsprechende Aufmerksamkeit widmen. Es ist nie verkehrt, den Boden der Pflanzstelle mit Gartenkompost oder einer guten Pflanzerde aufzubessern. Diese Humusgaben unterstützen ein aktives Bodenleben. Ein lebendiger Boden lässt seine Nährstoffe harmonisch und vor allem dauerhaft fließen.
Auch wenn es Arbeit macht: Entfernen Sie vor dem Pflanzen alle Unkräuter akribisch. Nichts ist unangenehmer (und pieksiger), als in einem etablierten Rosenbeet lästige Wurzelunkräuter zu jäten. Besonders Quecken und Winden bekommt man später nur noch schwer in den Griff, wenn man sie nicht von Anfang an mit allen Wurzelteilen beseitigt hat.

► Mit der Grabegabel lassen sich die lästigen Wurzelunkräuter komplett aus der Erde entfernen.

Standorte mit Staunässegefahr

Wer Rosen auf sehr feuchten Böden kultivieren möchte, sollte bei der Bodenvorbereitung und der Pflanzung zusätzliche Maßnahmen ergreifen. Rosenwurzeln sind sehr atmungsaktiv und reagieren allergisch auf Staunässe aller Art. An solchen Pflanzstellen ist die Bodenlockerung vor dem Pflanzen von besonderer Bedeutung. Pflanzen Sie Rosen dort leicht erhöht auf kleinen Hügeln, damit das Wasser immer von den Wurzeln wegfließt.

Pflanzung von wurzelnackten Rosen

Schneiden Sie vor dem Pflanzen die grünen Triebe der wurzelnackten Gartenrosen auf etwa 15–20 cm zurück. Sind braune Hauptwurzeln beschädigt oder gar gebrochen, können Sie sie bis zur Bruchstelle einkürzen. Schonen Sie auf jeden Fall die feinen Faserwurzeln, wo immer Sie können. Die Faserwurzeln sind die jüngsten, haarartigen Wurzelbestandteile, die Sie gehäuft an den Enden der stärkeren Hauptwurzeln finden. Nur mit ihnen kann die Rose Nährstoffe und Wasser aufnehmen. Je mehr intakte Faserwurzeln eine Rose aufweist, desto flotter wächst sie an und desto kräftiger blüht sie im Sommer.
Tauchen Sie wurzelnackte Rosen grundsätzlich vier bis fünf Stunden mit allen Trieb- und Wurzelteilen in ein Wasserbad. Dies gilt besonders für die Frühjahrspflanzung. Dazu muss man wissen, dass wurzelnackte Rosen in den Baumschulen über Winter in großen Kühlräumen gelagert werden. Trotz sachgemäßer Versorgung der Pflanzen verlieren die Rosenstöcke während dieser Zeit etwas Feuchtigkeit. Das ausgiebige Wasserbad unmittelbar vor dem Pflanzen sorgt dafür, dass die Triebzellen ihre Wasserreservoirs wieder auffüllen können und der Rose ein guter Start sicher ist.
Das Pflanzloch sollte in Höhe, Tiefe und Breite jeweils etwa 40 cm messen. Packen Sie die

1

2

3

◄ Tauchen Sie die Wurzelballen von Containerrosen vor dem Einpflanzen gründlich. Graben Sie ein ausreichend großes Pflanzloch. Dann entfernen Sie den Topf. Tief genug pflanzen, antreten und anwässern – fertig.

4

5

6

Pflanzlocherde zunächst an die Seite des Pflanzloches und bessern Sie sie mit einer Beigabe (bis 30 Prozent) von Gartenkompost oder einer guten Pflanzerde auf. Reine Torferden oder/und Mineraldünger sind bei einer Rosenpflanzung tabu; geben Sie lediglich eine Hand voll Hornspäne (etwa 50 g) oder einige Körner Depotdünger, der seine Nährstoffe langsam und harmonisch abgibt, mit ins Pflanzloch.
Lockern Sie die Sohle des Pflanzlochs mit einer Grabegabel gründlich auf. Am besten pflanzt man wurzelnackte Rosen zu zweit. Ein Helfer hält die Rose senkrecht ins Pflanzloch, ohne dass die Wurzeln verbogen werden. Das Pflanzloch muss so geräumig sein, dass die Rosenwurzeln in der richtigen Pflanztiefe frei in der Luft hängen. Was ist mit der richtigen Pflanztiefe gemeint? Wie bereits anfangs erklärt wurde, sind Gartenrosen veredelte Pflanzen mit einer markanten Veredlungsstelle. Diese Veredlungsstelle muss nach dem Pflanzen mindestens 5 cm (auf Lehmböden 3 cm) tief in der Erde liegen. Dadurch wird der Lust der Veredlungsunterlage zur Wildtriebbildung Einhalt geboten und der Frostschutz für den Rosenstock verbessert. Sollte es einmal – trotz aller Winterschutzmaßnahmen – zu einem totalen Zurückfrieren der oberirdischen grünen Rosenteile kommen, bleiben durch das tiefe Pflanzen immer noch genügend Triebreserven für einen Neuaustrieb im Frühjahr geschützt im Boden erhalten. Legen Sie quer über das Pflanzloch einen Bambusstab, damit Sie eine Orientierungshilfe für die richtige Pflanztiefe haben.
Füllen Sie nun das Loch um die Rosenwurzeln herum mit der vorbereiteten Pflanzlocherde auf und treten Sie die Erde leicht mit dem Absatz an. Wässern Sie mit der Gießkanne ohne Tülle

Die Wurzeln der Rosen werden beim Pflanzen nur leicht geschnitten. Schonen Sie beim Schnitt vor allem die feinen Faserwurzeln.

oder dem Gartenschlauch ausgiebig, aber nicht übertrieben stark an, auch bei Regenwetter. Das Anwässern sorgt für den notwendigen Schulterschluss zwischen Wurzeln und Boden und schließt unterirdische Hohlräume. Ein kleiner Erdwall um den Rosenstock, der so genannte Gießwall, sorgt dafür, dass das Schlämmwasser nicht ungenutzt weglaufen kann, sondern genau im Wurzelbereich versickert. Der letzte Arbeitsschritt ist das Anhäufeln der Rosen. Häufeln Sie die Erde so weit an, dass nur noch die Spitzen der Rosentriebe erkennbar sind. Und zwar immer, auch wenn Sie im Frühjahr pflanzen. Durch das Anhäufeln schützen Sie die jungen Setzlinge vor Wind, Sonne und Kälte. Die Triebe bleiben in ihrem Erdmantel so lange von Feuchtigkeit umschlossen, bis die Eigenversorgung mit Wasser und Nährstoffen über neu verankerte Wurzeln gesichert ist. Häufeln Sie erst acht Wochen nach der Frühjahrspflanzung ab; die Herbstpflanzung wird im April abgehäufelt.

Umpflanzen alter Rosenstöcke

Nur wenige Gartenfreunde wissen, dass sich alte Rosenstöcke auch noch nach Jahrzehnten umpflanzen lassen. Dies kann notwendig werden, wenn beispielsweise in einem Garten grundsätzliche Umgestaltungen anstehen oder man bei einem Umzug seine geliebten Rosen mitnehmen möchte. Ein Neukauf ist bei vielen alten Sorten aus verschiedenen Gründen meist nicht mehr möglich. Entweder führt der Handel die Sorte gar nicht mehr, oder der Sortenname ist nicht bekannt, was es schwierig macht, die Rose für den neuen Garten noch einmal zu erwerben. Oft haben auch Gartenbesitzer zu ihren Rosen eine innige Beziehung aufgebaut. Es sind alte, lieb gewonnene Bekannte, die man gerne weiter um sich haben möchte.

Möglich ist das Umpflanzen durch die so genannten schlafenden Knospen. Diese nicht sichtbaren Reserveknospen sitzen an der Triebbasis alter Rosenäste. Es klingt unglaublich, ist aber wahr: Die schlafenden Knospen können jahrzehntelang in einem Dornröschenschlaf verweilen, bis sie durch einen Umzug »wachgeküsst« werden. Die beste Zeit zum Umpflanzen liegt im späten Herbst, von Ende November bis Anfang Dezember. Nehmen Sie die oberirdischen Triebe bis auf 5 cm zurück. Keine falsche Scheu, auch wenn für solch einen radikalen Rückschnitt alter Rosenäste meist eine Säge notwendig ist. Zurück bleiben dicke Aststummel, die auf den ersten Blick kaum ein zweites Leben der Rosenmethusaleme erhoffen lassen. Totes Holz wird gleich an der Ansatzstelle mit entfernt. Graben Sie die Rose nun behutsam bis in möglichst große Tiefe – etwa 40 cm – frei. Kappen Sie mit einem scharfen Spaten die Hauptwurzeln, und zwar ebenfalls in so großer Tiefe wie möglich. Heben Sie jetzt den Rosenstock mit oder ohne Erdballen aus dem Loch heraus. Wichtig ist nicht die Festigkeit des Wurzelballens. Entscheidend ist, dass beim Verpflanzen möglichst viele Feinwurzeln erhalten bleiben.

Pflanzen Sie die alten »neuen« Rosen wie andere Rosen auch. Achten Sie darauf, die Pflanzen ausreichend anzuhäufeln, damit die Triebstummel nicht austrocknen, denn bis die schlafenden Augen austreiben, können viele Wochen vergehen. Sobald die Neutriebe im Frühjahr etwa 10 cm Länge erreicht haben, können Sie die Rosenstöcke abhäufeln.

Spezielle Pflanzhinweise

Pflanzdichte

Bei Beet- und Edelrosen ist ein Pflanzabstand von 30–40 cm optimal. Schwachwüchsige Zwergrosen setzen Sie mit 20–25 cm entsprechend enger. Bei breitwachsenden Flächenrosen können die Abstände sortenunterschiedlich wesentlich größer sein. Bei zu dichter Pflanzung würden sich diese Rosentriebe nur gegenseitig nach oben schieben. Strauchrosen brauchen – je nach Wuchsstärke – einen Pflanzabstand von 80–150 cm. Gönnen Sie Stammrosen nach jeder Seite einen Freiraum von mindestens 60 cm.

Pflanzung von Containerrosen

Ziehen Sie die Rosen vorsichtig aus den Töpfen heraus. Die Ballen dürfen dabei nicht auseinander brechen. Bei Qualitäts-Containerrosen, die ausreichend lange im Container gestanden haben, ist diese Gefahr in der Regel auch nicht gegeben. Ihre Ballen sind fest und gut durchwurzelt. Tauchen Sie die Ballen vor dem Pflanzen so lange in einen Eimer Wasser, bis keine Blasen mehr aufsteigen. Dies ist normalerweise nach einer Minute der Fall. Die Baumschulen haben die Containerrosen in einer lockeren, humusreichen und mit Nährstoffen gut versorgten Pflanzerde kultiviert, damit sie sich gut und gesund entwickeln. Jetzt ist die Rose »flügge« und ihre Wurzeln sollen die vertraute Umgebung verlassen. Damit sich die Rosenwurzeln nach dem Auspflanzen aus dem Container animiert sehen, ihr gewohntes Nest in Richtung Gartenboden zu verlassen und mit Lust »auszuziehen«, muss der Boden um das Pflanzloch herum verlockend locker sein. Brechen Sie ihn deshalb zusätzlich mit einer Grabegabel auf. Sonst bleiben die Rosenwurzeln im Bereich des ursprünglichen Ballens und verankern sich nicht ausreichend im Garten. Nur eine gut etablierte und weitläufig verzweigte Rosenwurzel kann jedoch dauerhaft die oberirdischen Triebteile selbstständig mit Wasser und Nährstoffen versorgen. Entwirren Sie daher stark verwurzelte Ballen vor dem Pflanzen im Sohlenbereich. Vor allem Rosen, die sehr lange in einem Container gestanden haben, weisen oft einen solch dichten Wurzelfilz auf. Auch beim Auspflanzen einer Containerrose in den Garten müssen Sie auf die Veredlungsstelle, also die wulstartige Verdickung zwischen grünen Trieben und braunen Wurzeln, achten. Wie bei den wurzelnackten Rosen (siehe S. 16 f.) muss

◀ Die Veredlungsstelle dieser Kübelrose wurde nicht tief genug eingepflanzt und ist in höchstem Maße frostgefährdet.

◀ Auch die Veredlungsstellen von Containerrosen müssen eine Handbreit tief in den Boden. Das bedeutet, dass die Rose wesentlich tiefer gepflanzt wird, als sie im Topf gestanden hat.

sich dieser Knoten nach dem Pflanzen 5 cm unter der Erdoberfläche befinden. Bei den meisten Containerrosen ragt die Veredlungsstelle deutlich aus dem Topf heraus. Das bedeutet in der Folge, dass Sie Containerrosen in der Regel meist deutlich tiefer pflanzen müssen, als sie im Container gestanden haben.

Pflanzung von verpackten Rosen

Entfernen Sie zunächst vorsichtig die Verpackungsfolien, ohne dabei die Wurzeln zu verletzen. Besonders bei bereits ausgetriebenen Rosen ist Vorsicht geboten. Netzballierungen oder ballenumgebende Kartons können in der Regel mitgepflanzt werden. Hinweise auf der Verpackung geben Ihnen hierüber detailliert Aufschluss. Ansonsten werden verpackte Rosen wie wurzelnackte Ware gepflanzt.

Pflanzung von Stammrosen

Stammrosen werden entweder wurzelnackt oder im Container angeboten. Das Pflanzloch darf bei Rosenstämmen etwas großzügiger bemessen sein als bei den niedrigen Rosen. Ansonsten ist bei der Pflanzung alles zu beachten, was auch beim Pflanzen von niedrigen wurzelnackten Rosen (siehe S. 16 f.) bzw. Containerrosen gilt. Allerdings gibt es keine Veredlungsstelle an der Basis der Stämme. Dafür findet sich am Stammfuß die so genannte Zapfenschnittstelle, die auch nach dem Pflanzen deutlich aus der Erdoberfläche herausragt und nicht wie die Veredlungsstelle der niedrigen Rosen im Boden verschwindet.

Gönnen Sie Ihren Stammrosen immer einen stützenden, in der Höhe dem Stämmchen angepassten Pfahl. Schlagen Sie bei wurzelnackten Stämmen den Pfahl vor dem Pflanzen in das leere Pflanzloch ein, damit keine Wurzeln beschädigt werden. Fixieren Sie den Pfahl mit Kokosschnur, Bast oder anderem geeigneten Material mindestens zweimal, besser dreimal. Auf keinen Fall dürfen die Bindematerialien einschneiden und den Stamm abschnüren. Überprüfen Sie im Herbst die Fixierungen auf ihre Festigkeit.

▼ Jede Stammrose hat sich einen stützenden Pfahl verdient, der die Krone stabilisiert.

Rosen für Kübel

Eigentlich ist die Rose für eine dauerhafte Kultur in dekorativen Kübeln und attraktiven Gefäßen nicht unbedingt prädestiniert. Rosenwurzeln sind alles andere als ballenbildend. Sie sind vielmehr rechte Streuner, die im Boden in alle Himmelsrichtungen streben wollen. Besonders die Vorliebe der Rose, tiefer liegende Bodenschichten zu erkunden, macht sie für die Kultur in einem Topf, mit der jede Rose zwangsläufig an die enge Leine genommen wird, auf den ersten Blick nur bedingt geeignet.

Damit Sie trotzdem nicht auf Rosen in Kübeln verzichten müssen, gilt es also einiges zu beachten und vor allem den Vorlieben der Königin der Blumen zu entsprechen. Schöne, blütenreiche Kübelrosen sind möglich, verlangen aber mehr Zuwendung als die meisten anderen Kübelgewächse. Deshalb ist in diesem Buch das Kapitel »Rosen im Kübel« auch etwas ausführlicher.

Warum pflanzt man eine Rose überhaupt in einen Kübel? Nun, entweder ist im Garten kein Platz mehr frei, oder der Rosenfreund hat überhaupt keinen Garten, sondern nur eine Terrasse oder einen Balkon. Auch widrige Standortbedingungen wie schlechter Boden oder mangelhafte Lichtverhältnisse sind häufig die Triebfeder für eine Rosenliaison in beweglichen Gefäßen. Apropos Beweglichkeit: Die Mobilität der Kübelrosen hat natürlich auch den Vorteil, dass Sie Ihr grünes Paradies immer wieder neu gestalten können. Das verspricht Abwechslung und spannende rosige Unterhaltung.

Kübelstandort

Sonnige Standorte gelten als ideal für Rosen. Dies trifft auch für Kübelrosen zu, denn Sonnenlicht versorgt die Pflanzen mit Blatt- und Blütentreibstoff. Zudem trocknen nasse Blätter schneller ab, was wiederum den Befallsdruck durch Pilzkrankheiten erheblich mindert. Vorsicht ist aber bei Lichtextremen geboten. Durch das Positionieren einer Kübelrose vor einer heißen Südwand

◀ Rosen sind dankbare Kübelpflanzen, wenn man ihren Bedürfnissen entgegenkommt. Dazu gehören möglichst zylindrische Gefäße mit gutem Wasserabzug.

oder Mauer kann es zu Blattverbrennungen kommen. Normalerweise treffen die Lichtstrahlen nur die Oberseiten der Rosenblätter. Mauerwerk und Pflaster reflektieren aber die Strahlung, sodass sie auch auf die Blattunterseiten trifft. Das ist für das Rosenlaub zu viel des Guten. Deshalb vertragen Kübelrosen einen lichten, aber absonnigen Platz oft besser als die vollsonnige Alternative. Dies gilt vor allem für großlaubige Rosentypen wie Edelrosen, die den Sonnenstrahlen sehr viel Angriffsfläche bieten. Kleinlaubige Flächenrosen sind hitzetoleranter und als Kübelrosen für Terrassen in voller Südlage ihren großlaubigen Kollegen vorzuziehen.

Für die Kübelkultur geeignete Sorten

Sie können es mit den meisten Rosensorten einmal im Kübel probieren. Setzen Sie jede Rosenklasse so ein, wie es ihrem Charakter am ehesten entspricht. Besonders empfehlen sich natürlich öfterblühende Sorten, die häufiger blühen und auf der beschränkten Terrassenfläche die beste Blüteneffizienz bieten. Lediglich die einmalblühenden Strauch-, Wild- und Kletterrosen sind aufgrund ihrer enormen Wuchskraft und eingeschränkten Blühzeit für eine Kübelkultur nur bedingt geeignet.

Durch die Erdferne sind viele Rosen als Kübelpflanzen weniger krankheitsanfällig. Dies erweitert die Auswahl zusätzlich.

Rosensorten für die Kübelkultur

Sorte	Klasse	Farbe	Blütenfüllung	Wuchsform
'Ambiente'	Edelrose	cremeweiß	stark gefüllt	buschig
'Angela'	Strauchrose	altrosa	halb gefüllt	buschig
'Aspirin-Rose'	Flächenrose	weiß	gefüllt	buschig
'Bonica '82'	Beetrose	rosa	gefüllt	buschig
'Eden Rose '85'	Nostalgierose	rosa	gefüllt	aufrecht
'Focus'	Edelrose	lachsorange	gefüllt	buschig
'Graham Thomas'	Englische Rose	gelb	gefüllt	überhängend
'Heritage'	Englische Rose	rosa	gefüllt	überhängend
'Leonardo da Vinci'	Nostalgierose	rosa	gefüllt	buschig
'Louise Odier'	Alte Rose	rosa	gefüllt	überhängend
'Mary Rose'	Englische Rose	rosa	stark gefüllt	buschig
'Maxi Vita'	Beetrose	rosa-orange	halb gefüllt	buschig
'New Dawn'	Kletterrose	perlmutt	gefüllt	überhängend
'Nostalgie'	Edelrose	weiß/rot	gefüllt	aufrecht
'Pink Symphonie'	Zwergrose	rosa	gefüllt	aufrecht
'Rosarium Uetersen'	Kletterrose	rosa	gefüllt	überhängend
'Rose de Resht'	Alte Rose	rot	gefüllt	aufrecht
'Schneewittchen'	Strauchrose	weiß	gefüllt	buschig
'The Fairy'	Flächenrose	rosa	gefüllt	buschig

Kübelgröße

Rosenwurzeln gehen gerne auf Wanderschaft. Damit sie sich in einem begrenzten Gefäß längere Zeit wohl fühlen, darf der Kübel nicht zu klein sein. Für mehrjährige Freude an Kübelrosen ist ein Mindestdurchmesser der Töpfe von 40, besser 50 cm in Höhe und Breite deshalb unbedingt empfehlenswert. Es gilt das Motto: je größer, desto besser. Besonders starkwachsende Rosenklassen wie Strauch- und Kletterrosen benötigen natürlich Gefäße, die den Ausmaßen ihrer oberirdischen Triebe angemessen sind.

► Formschöne Kübel und Gefäße in dieser Größe sind die beste Gewähr für einen langjährigen Kübelspaß mit dem Tiefwurzler Rose.

Kübelform

Eine hohe, lang gezogene Zylinderform mit ausreichend großen Abzugslöchern und standfestem Bodenwulst hat sich für Rosen als ideale Kübelform herauskristallisiert. Sie bietet verschiedene Vorteile: Gefäße in Zylinderform sind oben weit offen und lassen sich deshalb problemlos wässern. Auch das Umtopfen nach drei bis vier Jahren Kübelkultur fällt leicht, da sich die konisch nach unten verjüngenden Wurzelballen leicht aus den Gefäßen herausziehen lassen. Bei bauchigen Kübelformen ist dies ein schweißtreibendes, oft unlösbares Problem, weil vitalwüchsige Rosensorten derart eingewachsen sind, dass man sie nur noch mit roher Gewalt aus den Töpfen herausbekommt. Dabei kann sich der Rosenfreund verletzen und können sowohl die Rose als auch der Topf Schaden nehmen.

Kübelmaterialien

GartenCenter und GartenBaumschulen, Baumärkte und Gärtnereien bieten mittlerweile eine Vielzahl unterschiedlichster Kübelformen in einem bunten Materialmix an. Für Rosen sehr gut geeignet sind **Terrakottakübel.** Dank ihrer guten Durchlüftungseigenschaften lassen sie die Rosenwurzeln regelrecht aufatmen. Dazu muss man wissen, dass Rosenwurzeln ausgesprochen atmungsaktiv sind. Das spielt auch bei der richtigen Kübelerde noch eine Rolle. Der Nachteil der Terrakotten ist ihr hoher Wasserverlust durch die Gefäßwand. Besonders minderwertige, nicht hart genug gebrannte Qualitäten haben eine hohe Verdunstungsrate und trocknen schnell aus. Zudem sind sie auch nicht immer frosthart, da das Wasser in ihren Poren sich ausdehnt, wenn es friert. Dann platzt der Topf. Premiumqualitäten (z. B. Impruneta) sind zwar sehr viel teurer, bei richtiger Handhabung aber auch deutlich langlebiger als billige Massenware.

Mittlerweile werden Terrakotta-Imitate angeboten, die sich optisch von ihren schwergewichtigen Kollegen kaum unterscheiden. Wie alle **Kübel aus Kunststoff** sind sie zwar leicht zu transportieren und gelten als wassersparend. Leider hat die dünne Gefäßwand aber keine große isolierende Wirkung. Die Folge: Im Sommer erwärmt sich die Erde schnell, vor allem wenn die Gefäße in der prallen Sonne stehen. Dies kann zu Wachstumsstockungen führen, da Rosenwurzeln ein kühles Umfeld gewohnt sind. Im Winter bieten die Gefäße den Wurzeln zudem keinen ausreichenden Schutz und müssen deshalb sorgfältig für die kalte Jahreszeit präpariert werden. Mehr dazu unter dem Stichwort »Überwinterung«.

Holzkübel isolieren gut und haben eine lange Lebensdauer. Geeignete Holzarten sind beispielsweise imprägnierte Eiche oder naturharte Akazie. Holz lebt und verändert sich ständig. Ab dem zweiten Jahr können sich Verwitterungserscheinungen einstellen. Holzkübel mit kurzer Lebensdauer sind rustikal wirkende Weidenkörbe. Sie kosten nicht viel und sehen als Übertopf sehr dekorativ aus. Im Winter halten sie aber kaum Frost ab.

Sauber und attraktiv wirken **Steingut und Keramik.** Ihr Wasserverlust ist gering, ihre Lebensdauer hoch. Wer es pittoresk mag, kann auch verzinkte Waschzuber verwenden, die viel Platz für die Wurzelentwicklung der Rosen mitbringen.

◄ Stammrosen in Gefäßen steht eine Unterpflanzung mit geeigneten Rosenbegleitern wie Lavendel ausgezeichnet.

TIPP **Ein besonderer Kübelgenuss sind Stammrosen. Alle Zwergstamm-, Halbstamm-, Hochstamm- und Kaskadenrosen eignen sich für eine Kultur in ausreichend großen Gefäßen. Auch hier bieten schwere Tonkübel Vorteile. Sie sorgen dafür, dass der Wind die kopflastigen Stämme nicht allzu leicht umwerfen kann.**

Kübelerden

Neben der Kübelgröße kommt der Kübelerde eine entscheidende Bedeutung zu, wenn man Rosen erfolgreich über mehrere Jahre in Gefäßen kultivieren will. Wichtig ist eine strukturstabile Pflanzerde, die die Wurzeln während dieser langen Zeit ausreichend mit Luft und Nährstoffen versorgen kann. Glücklicherweise bietet der Fachhandel heute viele spezielle Kübelerden an, teils sogar schon eigens nur für Rosen. Wenn immer möglich, sollten Sie auf diese Spezialerden zurückgreifen, da sie optimal auf die Bedürfnisse der Rosen abgestimmt sind. Arbeiten Sie zusätzlich 10–15 Prozent Blähton oder gebrochenen

Schiefer in das Substrat ein. Auch Beigaben von ausgereiftem Gartenkompost, falls vorhanden, mit einem Anteil von bis zu 30 Prozent als Beimischung sind vorteilhaft. Dadurch erhöhen Sie die Strukturstabilität noch einmal deutlich. Ungeeignet für Kübelrosen sind Erden mit einem hohen Lehm- bzw. Tonanteil, weil die feinen Lehmpartikel rasch zum Kübelgrund wandern und die Abzugslöcher verstopfen. Erden mit einem hohen Torfanteil sind ebenfalls ungünstig, da sie zum Absacken neigen. Links liegen lassen sollten Sie auch aufgedüngte Balkonkastenerden, die wegen ihres hohen Nährstoffgehalts zu einer Überdüngung der Kübelrosen im Frühjahr führen können.

► Wählen Sie geräumige Gefäße mit großen Abzugslöchern. Das Auskleiden der Töpfe mit einem Vlies verhindert, dass sich die Löcher zusetzen.

Eintopfen

Unabhängig von der Angebotsform muss die Rosenwurzel ausreichend Platz in ihrem neuen Zuhause haben. Beim Eintopfen wurzelnackter Ware sollten die Wurzeln der Rosen frei und ohne dass sie umgebogen werden müssen im Kübel hängen können – wie in einem Pflanzloch auch. Für Containerrosen gilt folgende Regel: Nach dem Einstellen des feuchten Ballens muss rundum mindestens ein Abstand von 10 cm zur Gefäßwand frei sein. Auch im Kübel müssen Rosen in der korrekten Pflanztiefe stehen. Die Veredlungsstelle sollte nach dem Pflanzen mindestens 3, besser 5 cm tief in der Kübelerde verschwunden sein. Rechnet man den notwendigen Gießrand von ca. 3 cm hinzu, wird wiederum die Bedeutung ausreichend hoher Gefäße deutlich.
Vergessen Sie nicht, vor dem Einfüllen der Kübelerde auf dem Kübelboden eine Drainageschicht aus Tonscherben oder Blähton in einer Stärke von etwa 3 cm zu verteilen. Kleiden Sie dann das Kübelinnere mit einem wasserdurchlässigen Vlies (Gemüsevlies) aus. Packen Sie darauf eine Schicht Kübelerde (siehe Bildserie unten). Das Vlies wirkt wie ein Sieb und verhindert, dass die Drainageschicht durch Erdteilchen verstopft wird. Dank der Drainage im Kübel kann das Gießwasser immer rasch ablaufen. Staunässe, die den wichtigen Feinwurzeln böse zusetzen kann, wird vermieden. Deshalb müssen auch die Abzugslöcher am Kübelboden möglichst zahlreich und groß sein. Zusätzlich sollten Sie die Gefäße nach dem Eintopfen auf schmale, etwa 1 cm hohe Leisten stellen. Stellen Sie Rosenkübel nie in Untersetzer,

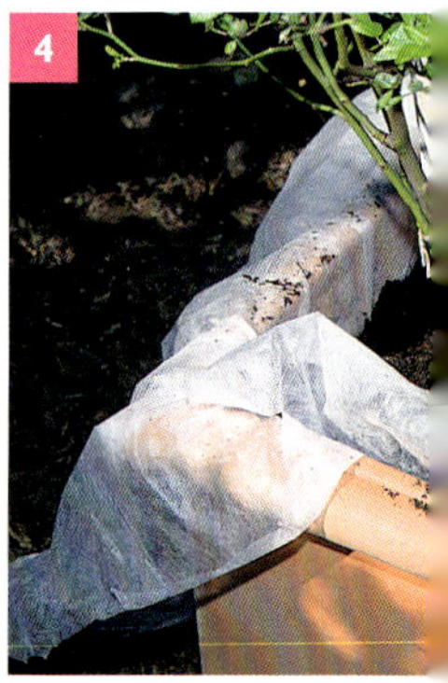

weil dies wiederum die Gefahr der Staunässe fördert. Selbst wenn das Wasser im Untersetzer nur wenige Zentimeter hoch steht, kann es sich innerhalb des Kübels deutlich höher angestaut haben. Die Folge ist Luftarmut in der Kübelerde und ein Absterben der Rosenwurzeln.

Düngung

Optimal für Kübelrosen sind Langzeitdünger, die Sie im Nahbereich der Wurzeln möglichst im Mittelpunkt des Kübels platzieren sollten. Wurzeln wachsen immer zu den Nährstoffen hin. Also bleibt der größte Teil der Wurzeln im Kübelkern, was die spätere Überwinterung der Pflanzen erleichtert. Sommerliche Nährstoffdefizite können Sie mit einem Flüssigdünger umgehend ausgleichen. Stellen Sie die Düngung – wie bei den Gartenrosen – rechtzeitig ein, damit die Triebe ausreifen können und winterfest sind.

Pflanzenschutz

Der Pflanzenschutz für Kübelrosen ist identisch mit dem für Gartenrosen. Allerdings lohnt er sich oft nicht, wenn nur einige wenige Kübelrosen vorhanden bzw. befallen sind. Auf der Terrasse gilt: Vorbeugen ist besser als spritzen. Wässern Sie Ihre Rosen niemals über das Laub, sondern nur über den Boden! Feuchte Rosenblätter bieten Pilzkrankheiten wie Sternrußtau und Rosenmehltau eine ideale Vermehrungsplattform. Kleine Mengen an Blattläusen können Sie mit einem kalten, scharfen Wasserstrahl abspritzen, mit einer feinen Bürste abstreifen oder mit den Fingerspitzen wegschnippen bzw. die Tiere zerdrücken. Dank der Mobilität der Kübel können Sie Rosen von Standorten entfernen, die sich als rosenungünstig herausstellen. Zum Beispiel saugen Spinnmilben mit Vorliebe an lufttrockenen Standorten an Rosen. Durch das Umstellen der Kübel an einen Ort mit höherer Luftfeuchtigkeit kann durchaus auf den Einsatz von Spritzmitteln verzichtet werden.

◄ Kleine Topffüße erleichtern zusätzlich den schnellen Ablauf des Gießwassers. Eine preiswerte Lösung sind halbierte Korken.

◄ Als ideale Dünger für Kübelrosen empfehlen sich Langzeitdünger. Sie versorgen die Pflanzen während der gesamten Sommersaison ausreichend mit Nährstoffen.

▼ So werden Kübelrosen perfekt eingetopft. Wichtig für die Überwinterung ist das ausreichend tiefe Setzen der Veredlungsstelle. Lassen Sie zudem einen Gießrand frei.

Überwinterung

Rosen überwintern als frostharte Kübelpflanzen im Freien, wo ihre Wurzelballen in ausreichend großen Gefäßen langsam einfrieren können und sollen. Kübelrosen müssen nicht aufwändig eingeräumt werden. Im Gegenteil: Die Überwinterung der Kübelrosen an einer frostfreien Stelle, etwa im Keller, würde nur zu einem vorzeitigen Austrieb der Pflanzen führen und ihnen schaden. Voraussetzung für eine erfolgreiche Überwinterung im Freien ist aber, dass sich die Kübelrosen bei Wintereinbruch im Zustand der absoluten Ruhe befinden. Das Wachstum muss abgeschlossen und die laublosen Triebe müssen gut verholzt sein. Stellen Sie deshalb Düngung und Gießen rechtzeitig ein. Entscheidend ist, dass die Wurzeln sich langsam an den kommenden Frost gewöhnen können. Träfe plötzlich einsetzender Frost auf aktive Wurzeln, wären Schäden die unausweichliche Folge.

Eine 10 cm starke, trocken bleibende Isolierschicht rund um den Kübel bewahrt die Rosenwurzeln vor einem Frostschock. Diese Isolierschicht kann entweder aus einem Mantel aus

► Eine Isolierschicht aus Noppenfolie oder Kokosmatte schützt noch aktive und damit empfindliche Rosenwurzeln vor schockartigen Frosteinbrüchen.

Kokosfasern oder aus feinem Birken-, Buchen- oder Apfellaub oder aus Noppenfolie bestehen. Mittlerweile bietet der Fachhandel fertige Mattenlösungen an – eine Ausgabe, die sich lohnt, denn die Kokosmatten können viele Jahre verwendet werden. Räumen Sie den bzw. die Kübel dicht an dicht an eine geschützte Terrassenstelle, die die Wintersonne zumindest während der Mittagsstunden nicht erreichen kann. Legen Sie nun die Isolierschicht um die Gefäße. Die oberirdischen Triebe der Rosen werden zum Schutz vor Frost und kalten Winden mit Sackleinen, Ballentuch oder Fichtenreisig abgedeckt.

Gestalten mit Kübelrosen

Kletterrosen und langtriebige Strauchrosen lassen sich an Spalieren und Stäben zu blühenden Paravents erziehen, die blüten- und duftreichen Sichtschutz bieten. Langtriebige Flächenrosen eignen sich aufgrund ihres gezügelten Wachstums sehr gut für eine Kultur in Gefäßen und sind hervorragende »kleine Kletterrosen«. Besonders elegant wirken Rosenstämme in Kübeln. Oft sind Halbstämme in einem hohen Kübel hoch genug, um ihre Blütenpracht auf Augenhöhe zu präsentieren.

Ein dekorativer Tipp

Unterpflanzen Sie Rosenstämme mit passenden Stauden. Bergbohnenkraut (Satureja montana), Lobelien und niedrige Glockenblumenarten (z. B. Campanula portenschlagiana) eignen sich gut dafür. Eine Unterpflanzung mit zu stark wachsenden Stauden und Sommerblumen ist sehr pflegeaufwändig und bringt Hochstammrosen in Bedrängnis. Damit die Stauden nicht zu üppig werden, pflanzen Sie sie mit ihren Töpfen ein. Dann bleiben die Rosenwurzeln ungestört und die Stauden lassen sich leichter austauschen. Natürlich können Sie Rosen und Stauden auch in separate Gefäße pflanzen. So lassen sich die Begleiter sogar nach Farbe und Blütezeit rund um die Kübelrosen arrangieren.

▲ Für schmale Kästen eignen sich wurzelechte Rosen, die keine sperrige Pfahlwurzel wie ihre veredelten Kollegen aufweisen.

Wurzelechte Rosen für Tröge, Ampeln und Balkonkästen

Wurzelechte Rosen eignen sich nicht nur für eine Kübelkultur. Auch in speziellen Gefäßformen mit kleineren Volumina können sie zum Einsatz kommen, da sie keine ausprägte starr-sparrige Pfahlwurzel mit markanter Veredlungsstelle aufweisen.

Tröge aus Natur- oder Kunststein sind vor allem für überhängend wachsende wurzelechte Flächenrosen ideal. Selbst flache Tröge mit nur 15 cm Tiefe eignen sich für die Wurzelballen. Wählen Sie einen sonnigen Standort für die Steintröge. Überlegen Sie vor der Pflanzung, wohin Sie die schweren Steintröge stellen möchten, denn im Nachhinein lassen sie sich nur noch schlecht bewegen. Während des Winters können Sie die Tröge an Ort und Stelle in eine 10 cm dicke Isolierschicht einpacken. Eine Reisigauflage schützt die Triebe vor der Wintersonne.

Ampeln sind besonders dekorativ für Rosen, dürfen allerdings nicht zu klein ausfallen. Je nach Größe können Sie sie mit wurzelechten Ramblersorten oder Flächenrosen bepflanzen. Im Frühjahr bleiben die Rosen unbeschnitten. Entfernen Sie lediglich totes Holz, damit sich über die Jahre ausreichend altes Holz für die Blütenkaskaden aufbauen kann. Automatische Bewässerungssysteme erleichtern die kontinuierliche Wasserversorgung.

Balkonkästen mit begrenztem Platzangebot bieten vor allem wurzelechten Topfrosen ein Zuhause. Für sehr große, über 40 cm tiefe Kästen kommen auch einmal veredelte Rosenstöcke mit ihren sparrigen Wurzelstöcken in die Auswahl.

Düngung

Warum müssen Rosen im Garten gedüngt werden, während ihre Kollegen aus der Gruppe der Wildrosen in der freien Natur ohne Dünger auskommen? Eine optimale Nährstoffversorgung ist für das Wachstum der Rosen unerlässlich. Dies gilt vor allem für öfterblühende Gartenrosen. Sie sollen mehrfach im Sommer blühen und immer wieder neue Triebe bilden. Verglichen mit Wildrosen sind sommerlang blühende Gartenrosen Hochleistungssportler einer rosigen »Formel 1« und beim Start auf eine Unterstützung in Form von Düngemittel angewiesen. Es können sogar zusätzliche Boxenstopps während des Sommers notwendig sein, um Flüssigdünger zu tanken. Nur eine ausgewogen ernährte Rosenpflanze kann neue Blüten bilden und gleichzeitig eine ausreichende Widerstandsfähigkeit gegenüber Pannen wie Sternrußtau und Mehltau entfalten. Hungernde Rosenstöcke sind sehr viel anfälliger für Krankheiten und Schädlinge.

Aber auch das Gegenteil, nämlich eine Überdüngung der Rosenstöcke, kann sich negativ auf die Entwicklung der Pflanzen auswirken. Dann nämlich läuft der Rosenmotor Gefahr zu überdrehen. Deshalb empfiehlt sich immer eine Bodenprobe, mit der Sie den notwendigen Nährstoffbedarf ihres Gartenbodens ermitteln können. Entweder nutzen Sie die in Gärtnereien erhältlichen Bestimmungssets, oder Sie schicken eine Bodenprobe zu einem der Untersuchungslabors, die vielfach in Gartenzeitschriften ihre Dienste anbieten.

Eine **Bodenuntersuchung** gibt darüber Aufschluss, in welchen Mengen die Hauptnährstoffe im Boden vorhanden sind. Als Hauptnährstoffe werden Stickstoff, Phosphor, Kalium, Kalzium und Magnesium eingestuft:

Stickstoff (N) ist der eigentliche Wachstumsmotor für Rosenpflanzen. Er sorgt für das Längenwachstum der Triebe. Ein Mangel kündigt sich durch hellgrüne Rosenblätter an. Aber Vorsicht: Ein Zuviel an Stickstoff führt schnell zu einer Überdüngung Ihrer Rosen. Das Triebgewebe wird weich und mastig und bietet Blattläusen ideale Vermehrungsbedingungen. Zudem reifen stickstoffbeladene Triebe im Herbst nur schlecht aus und sind akut frostgefährdet. Deshalb gilt: Nach dem 1. Juli eines Jahres sollten Sie Ihren Rosen keine Stickstoffdüngung mehr verabreichen.

Phosphor (P) beeinflusst die Blüten- und Hagebuttenentwicklung der Rosen. Normalerweise sind Gartenböden ausreichend mit Phosphor versorgt, sodass sich zusätzliche Phosphorgaben erübrigen.

Kalium (K), auch als Kali bekannt, hat einen direkten Einfluss auf den Wasserhaushalt der Rosen. Deshalb düngen erfahrene Rosenfreunde ihre Pflanzen ab Ende August bis Mitte September mit Patentkali (50 g/m^2), um die Entwässerung der Rosentriebe zu fördern. Je geringer der Wassergehalt der Triebe ist, desto härter und weniger frostanfällig sind sie. Die Düngung mit Kalium ist vor allem bei öfterblühenden Gartenrosen wichtig, die besonders während einer warmen Herbstperiode einfach nicht zur Ruhe kommen wollen.

Magnesium (Mg) ist ein zentrales Element des Blattgrüns (Chlorophyll). Einen Mangel erkennen Sie an gelben Blattflecken zwischen grünen Blattadern. Abhilfe bringt das Einhacken von Bittersalz.

Kalzium (Ca), auch als Kalk bekannt, ist vor allem als Regulator des Säurewertes des Bodens von großer Bedeutung. Die Konzentration der Bodensäure wird als pH-Wert ausgedrückt. Böden mit niedrigen pH-Werten um 4–5 gelten als saure Böden. Sie eignen sich z. B. für kalksensible Pflanzen wie Rhododendron. Ein niedriger pH-Wert kann durch Kalkgaben erhöht werden. Für Rosen ist ein Wert von 6,5 – im neutralen bis alkalischen Bereich – ideal. Mit Hilfe im Handel erhältlicher Schnelltests können Sie den pH-Wert Ihres Bodens rasch ermitteln.

Vielfalt der Dünger

Gärtnereien bieten eine große Anzahl von Spezialdüngern an, die jedoch nur auf den ersten

Blick verwirrend ist. Denn das differenzierte Angebot ermöglicht dem Gartenfreund, sehr spezielle, auf seine Bedürfnisse abgestimmte Produkte zu finden, mit denen beim Düngen nicht mehr viel schief gehen kann.

Mineralische Dünger kommen vor allem für gut etablierte, »erwachsene« Rosenstöcke in Frage. Es handelt sich um wasserlösliche Nährstoffkonzentrate, die zwar keine bodenverbessernden Eigenschaften aufweisen, dafür aber ihre Inhalte den Rosen unmittelbar und schnell zur Verfügung stellen. Mit ihnen lassen sich akute »Nährstoffbrände« löschen. Vorteilhaft ist auch ihr geringer Preis. Vor allem, wenn größere Düngermengen benötigt werden, spielt der Preis pro Kilogramm naturgemäß eine wichtige Rolle bei der Kaufentscheidung.

Nachteilig kann sich allerdings die Flüchtigkeit der mineralischen Dünger im Boden auswirken. Werden sie nicht sofort von der Rose aufgenommen, gelangen sie infolge der Auswaschung durch Regen in tiefere Bodenschichten. Dort sind sie für die Rose nicht mehr erreichbar. Schlimmstenfalls wandern sie sogar bis in Grundwasserbereiche weiter und werden dort zu einer Belastung. Sie eignen sich zur Versorgung größerer Strauchrosen und älterer Rosenbeete, niemals aber zur Düngung frisch gepflanzter Rosenstöcke! Mit Gaben zwischen 50 und 80 g, die ab April bis Anfang Mai verabreicht werden, ist der Nährstoffbedarf der rosigen Methusaleme meistens gut abgedeckt. Zu den Mineraldüngern zählt u.a. **Floripermanent,** dank seiner flotten Startphase ein nährstoffreicher Kickstarter. Ein oft verwendeter Rosendünger ist – aufgrund seines niedrigen Preises und hohen Kalium-Anteils – **Nitrophoska perfekt.** Kalium fördert die Holzreife und damit die Winterhärte der Rosen.

Entec-Dünger sind eine besonders ergiebige und preiswerte Variante der Mineraldünger. Sie gelten als zukunftsweisend, weil durch eine besondere chemische Stabilisierung nur geringe Mengen an Stickstoff durch Auswaschung verloren gehen. Meist reicht eine Gabe im Frühjahr für das ganze Jahr aus. Sie sollte allerdings nicht zu spät ausgebracht werden, da die neue Düngerformel kein Schnellstarter ist und ein wenig Anlauf benötigt.

Langzeitdünger (Depotdünger) haben sich in den letzten Jahren bei vielen Gartenfreunden als besonders umweltfreundliche und rosengerechte Dünger durchgesetzt. Sie sind, bezogen auf das Düngervolumen, zwar deutlich teurer als die klassischen Mineraldünger. Dafür ist aber ihre Treffsicherheit und Effektivität bisher unübertroffen. Zudem werden sie auch in Kleinstmengen angeboten und bieten so auch Besitzern von kleineren Gärten eine passende Portionierung. Die eingangs genannten Mineraldünger lassen sich dagegen oft nur in Säcken zu mehreren Kilogramm erwerben und lohnen sich nur für Gartenfreunde, die viele Pflanzen düngen müssen.

Das Funktionsgeheimnis der Langzeitdünger ist eine halb durchlässige Harzhülle, die jedes Düngekorn umschließt und dafür sorgt, dass die nährstoffreichen mineralischen Inhalte nur sehr langsam und in Abhängigkeit von der Bodentemperatur fließen. Bei höheren Bodentemperaturen werden mehr, bei niedrigen weniger Nährstoffe freigesetzt. Damit passt sich der Nährstofffluss ziemlich genau dem Pflanzenwachstum an – und eine Auswaschung der Nährstoffe ist praktisch ausgeschlossen. Bringen Sie pro Rosenpflanze ca. 25 g in ihrer unmittelbaren Nähe aus. Hacken Sie die Körner leicht ein, damit die Feuchtigkeit des Bodens sie direkt erreicht und die Nährstoffe ungehindert fließen können.

▲ Entec-Dünger sind sehr ergiebige Mineraldünger. Eine Frühjahrsgabe versorgt die Rosen den ganzen Sommer lang.

◀ Für Strauchrosen eignen sich zu Kegelformen verklebte Langzeitdünger, die einfach in den Wurzelbereich hineingedrückt werden.

► Ein besonders naturnaher Dünger ist ausgewogener Gartenkompost. Er sollte frühzeitig ausgebracht werden, da er eine längere Anlaufzeit benötigt.

Flüssigdünger sind spezielle Dünger und auch für Rosen geeignet. Bekannte Marken sind »Algoflash Rosendünger« (Compo) und »Wuxal Rosendünger« (Bayer). Dank ihres hohen Eisengehaltes beugen sie dem Vergilben der Blätter vor. Flüssigdünger sind beispielsweise ideal für Topfrosen, da Sie sie mit dem Gießwasser ausbringen können. Sie wirken schnell, aber nur kurz. Im Sommer muss mindestens alle zwei Wochen nachgedüngt werden. Mit Flüssigdünger können auch lokale Nährstoffmängel an Garten- und Kübelrosen ausgeglichen werden.

Organische Dünger sind besonders umweltfreundlich und pflanzengerecht. Allerdings bedarf es einiger Erfahrung, damit die Nährstoffe der organischen Düngemittel die Rosen auch zum richtigen Zeitpunkt erreichen. Im Gegensatz zu mineralischen Düngern müssen sie nämlich zunächst im Boden von Mikroorganismen abgebaut werden, bevor ihre Nährstoffe den Pflanzen in einer aufnehmbaren Form zur Verfügung stehen. Ein beliebter organischer Dünger sind Hornspäne, die aufgrund des beschriebenen Vorlaufes bereits im Spätherbst ausgebracht werden sollten. Je nach Alter der Pflanzung beträgt die Aufwandmenge 80–120 g/m^2. Wegen ihrer langsamen Umsetzung im Boden sind Hornspäne der geeignetste Dünger, wenn es darum geht, frisch gepflanzten Rosen einen Nährstoffvorrat mit ins Pflanzloch zu geben.

Der beste organische Dünger, wenn nicht der beste (und preiswerteste) Rosendünger überhaupt, ist ausgereifter **Gartenkompost.** Leider fehlt vielen Gartenfreunden heute die Möglichkeit, selbst einen ausgewogenen Gartenkompost anzusetzen. Zum einen mangelt es oft am Platz für eine nachhaltige Kompostwirtschaft. Zum anderen müssen meist nur wenige Pflanzen versorgt werden, für die sich der Aufwand nicht lohnt. Der entscheidende Vorteil von Kompost gegenüber allen anderen Düngern liegt nicht nur in den enthaltenen Nährstoffen. Vielmehr ist Kompost ein Bodenverbesserer par excellence, der das Bodenleben und damit die Vitalität und Gesundheit der Rosen fördert. Wer das Glück hat, über einen entsprechenden Kompost zu verfügen, sollte ihn gut abgelagert und gesiebt im zeitigen Frühjahr um die Rosenstöcke packen. Dadurch wird zudem ein Mulcheffekt erzielt (mehr dazu im Kapitel »Mulchen« ab Seite 32).

Richtig wässern

Wasser ist für alle Lebewesen ein zentraler Faktor. Auch bei Rosen sorgt eine kontinuierliche Wasserversorgung für eine hohe innere Widerstandskraft, die das Laub stärkt. Dürstende Rosen sind ausgesprochen krankheitsanfällig, insbesondere für den lästigen Rosenmehltau! Auch zur Blütenbildung braucht die Königin der Blumen neben Nährstoffen ausreichend Wasser. Dies gilt im besonderen Maße für öfterblühende Gartenrosen, die immer neue Blütentriebe entwickeln und deshalb gut mit Feuchtigkeit versorgt sein wollen.

Frisch gepflanzte Rosenstöcke benötigen zumindest im ersten und zweiten Pflanzjahr eine zusätzliche Bewässerung. Danach können gut eingewachsene Rosenstöcke auf gehaltvollen, tiefgründigen Standorten in der Regel ihre Wasserversorgung selbst organisieren. Als Tiefwurzler zapfen sie auch Wasservorräte in tieferen Bodenschichten an. Nur in ausgesprochen niederschlagsarmen Sommern, wie etwa während des Jahrhundertsommers 2003, ist eine zusätzliche Bewässerung älterer Rosenbeete erforderlich. Machen Sie selbst einen Feuchtigskeitstest, indem Sie ein kleines Loch in den Gartenboden graben. Ist die Erde in den oberen 10 cm trocken, sollten Sie ausgiebig gießen. Dann gilt: lieber seltener und gründlich als oft und sparsam wässern. Besonders trockenheitsgefährdet sind natürlich auch alle Rosenpflanzen, die in der Nähe einer Hauswand und unter Vordächern stehen und dadurch kein oder kaum Regenwasser abbekommen. **Gründlich wässern heißt,** dass Sie den Wasserschlauch je nach Witterung etwa eine halbe Stunde in die Rosenbeete legen. Bei einer kürzeren Bewässerungszeit gelangt das Wasser in der Regel nur in die oberste Bodenschicht. Es dringt nicht bis zu den Rosenwurzeln vor und verpufft nutzlos. In regenarmen Regionen und auf leichteren Böden ist bei der Pflanzung durchaus der Einbau eines Bewässerungsrohres zu erwägen. Dazu eignet sich ein etwa 50 cm langes Kunststoffrohr mit einem Durchmesser von etwa 5 cm, in das Sie später den Wasserschlauch legen können. So gelangt das Wasser ohne Verdunstungsverluste direkt an die Rosenwurzeln.

Die **Gießintervalle** sind von der Witterungslage und der Bodenart abhängig. Auf eher sandigen Böden ist während heißer Hundstage ein wöchentlicher Rhythmus sinnvoll, während die Intervalle auf schwereren Böden durchaus zwei bis drei Wochen auseinander liegen können.

Die beste Tageszeit ist der frühe Morgen. Dann kann eventuell feucht gewordenes Rosenlaub im Laufe des Tages wieder abtrocknen. Wässern Sie Ihre Rosen niemals über das Laub, sondern legen Sie den Gartenschlauch in das Rosenbeet hinein! Feuchte Rosenblätter bieten Pilzkrankheiten wie Sternrußtau und Rosenmehltau eine ideale Vermehrungsplattform. Wer seine Rosen häufig über das Laub wässert, zwingt selbst gesündeste Sorten in die Knie. Nasses Laub ist der häufigste Krankheitsauslöser bei Rosen.

Trockenperioden

Manche Gartenjahre beginnen mit einer ausgesprochenen **Frühjahrstrockenheit.** Für eingewachsene Rosen ist dies im Regelfall kein Problem. Allerdings wird lose auf dem Gartenboden liegender Dünger ohne Wasser nicht gelöst und gelangt daher auch nicht zu den feinen Faserwurzeln der Rosen. Dadurch kann es in der wichtigen Startphase, wenn die Rose besonders großen Nährstoffappetit hat, zu einem Nährstoffmangel kommen, obwohl Sie ausreichend gedüngt haben. Das Einhacken des Düngers und eine zusätzliche Bewässerung fördern die rasche Lösung der Nährstoffe im Boden und schaffen Abhilfe.

Gleiches gilt für eine ausgeprägte **Sommertrockenheit,** während deren ausgestreute Düngerkörner mangels Feuchtigkeit nicht in Lösung gehen können. Sie bleiben auf der Oberfläche liegen. Besonders fatal wirken sich dann spätsommerliche Niederschläge aus. In der Folge setzt ein sehr später Nährstofffluss ein, der die Holzreife der Rosentriebe behindert und die Frostanfälligkeit der Pflanzen deutlich erhöht. Deshalb sollten Sie sommerliche Düngergaben immer einhacken und danach den Boden wässern, damit die Nährstoffe den Rosenpflanzen zum richtigen Zeitpunkt zur Verfügung stehen.

◄ Gießen Sie Ihre Rosen niemals über das Laub, sondern immer über den Boden. So bleibt das Laub trocken und bietet Pilzkrankheiten weniger Angriffsfläche.

Sinnvolles Mulchen

Der Begriff »Mulchen« bezeichnet das Bedecken der Bodenoberfläche mit organischen Stoffen. Mulchen bietet dem Gartenfreund eine ganze Reihe von Vorteilen. Grundsätzlich verbessert die Zuführung organischer Substanz die Bodenqualität dauerhaft. Mulchmaterial bedeutet Futter für die Mikroorganismen und fördert deren Bodenaktivität. Je lebendiger ein Gartenboden ist, desto gedeihlicher können sich die Pflanzen entwickeln. Sozusagen als nützlicher Nebeneffekt mindert Mulchen zudem die Mühen des Unkrautjätens, denn durch die Mulchabdeckung fehlt den Plagegeistern das notwendige Licht für ihre Entwicklung. Zumindest wird ihre Ausbreitung durch das Mulchen stark eingeschränkt. Nicht zu unterschätzen ist zudem der Wasserspareffekt des Mulchens. Vor allem bei Rosenneupflanzungen schützt eine Mulchdecke die oberste Bodenschicht vor rascher Austrocknung.
Rosen bevorzugen einen gelockerten Boden. Durch den Wechsel von Sonne und Regen verkrustet die oberste Bodenschicht leicht. Lockern Sie die Verkrustungen deshalb z. B. mit einer Kralle auf. Allerdings sollten Sie immer nur flach arbeiten und nicht über 10 cm Tiefe hinausgehen. Mulchen beugt diesen Bodenverkrustungen ebenfalls vor und ist eine wurzelschonende Alternative zum Harken.
Als Mulchmaterialien kommen u. a. Stallmist, Kompost, Rasenschnitt, Stroh, Sägemehl, Ernterückstände, Schreddermaterial und vor allem Rindenprodukte in Frage. Alle Mulchmaterialien nehmen Einfluss auf das Nährstoffgefüge im Boden.

► Vor allem in sommertrockenen Regionen ist das Mulchen eine Möglichkeit, die Bodenfeuchtigkeit zu erhalten und Unkrautwuchs zu unterdrücken.

Aufgrund seiner Stabilität und seines günstigen Preises wird im Garten häufig **Rindenmulch** aus zerkleinerter Rinde eingesetzt. Erst nach längerer Zeit schaffen es die Bodenorganismen, den harten Rindenmulch zu knacken und zu zersetzen. Bei diesem Kraftakt verbrauchen sie jede Menge »Kalorien«, sprich Nährstoffe, die den Gartenpflanzen dadurch nicht zur Verfügung stehen und ihnen fehlen. Dies erklärt, warum es bei gemulchten Rosenpflanzen zu einem Nährstoffmangel kommen kann. Dabei handelt es sich vor allem um ein Stickstoffdefizit, das sich durch eine hellgrüne Belaubung der Rosenstöcke bemerkbar macht. Vor allem bei jungen Rosenpflanzen können diese Mangelerscheinungen zu echten Schäden führen. Wichtig ist deshalb, dass Sie vor dem Ausbringen einer Mulchschicht aus Rindenmaterial eine Ausgleichsdüngung vornehmen. Bewährt hat sich eine Gabe von etwa 150 g Hornspänen pro Quadratmeter. Diese Gabe gleicht die Stickstoff-Fixierung der Mikroorganismen aus. Nicht sinnvoll ist eine nachträgliche Düngung auf die Mulchschicht. Der Stickstoff erreicht die Bodenorganismen nicht und führt nur zu einer schnelleren Mulchzersetzung.
Stärker zersetzt als Rindenmulch ist **Rindenhumus,** der in guten Gärtnereien angeboten wird und den Sie ebenfalls zum Mulchen einsetzen können. Der Einsatz von Rindenhumus reduziert die Gefahr eines Nährstoffmangels, da die Stickstoff zehrende organische Umsetzung bereits abgeschlossen ist.
Entfernen Sie vor dem Auftragen der Mulchschicht akribisch alle Wurzel- und Dauerunkräuter. Mit ihren unterirdischen Netzwerken würden sie sich unter der warmen und feuchten Mulchschicht rasch ausbreiten. Bringen Sie die Mulchschicht etwa in einer Stärke von 5 cm aus. Der ideale Zeitpunkt ist das Frühjahr. Es hat sich bewährt, beim Mulchen etwas Abstand zu den Rosentrieben zu halten. Im Rindenmulch enthaltene Säuren könnten den frischgrünen, weichen Trieben Schaden zufügen. Dies gilt auch für speziellen Rosenmulch, der mittlerweile verstärkt angeboten wird.

Rosenschnitt: der Widerspenstigen Zähmung

◄ Der regelmäßige Frühjahrsschnitt der öfterblühenden Gartenrosen erhöht die Anzahl der Blüten deutlich.

Rosen sind nicht nur wegen ihrer Blütenschönheit und Düfte Gehölze der Superlative. Für ein in unseren Breiten wirklich winterhartes Gehölz zeigt die Rose ein einzigartiges Blühverhalten. Es gibt einmal- und öfterblühende Rosen, deren Schnitt sich fundamental voneinander unterscheidet. Fast alle modernen Gartenrosen sind öfterblühend, d. h., sie sind – im Gegensatz zu allen anderen Gartengehölzen – nach ihrer ersten Hauptblüte in der Lage, bei ausreichendem Licht-, Wasser- und Nährstoffangebot, während des Sommers immer wieder neue Blütentriebe zu bilden.

Blührhythmus

Meist blühen die öfterblühenden Gartenrosen in zwei Blütenwellen: Der erste, starke Blütenflor erscheint im Juni, der zweite, etwas schwächere erfreut im August. Manche Sorten sind ausgesprochene Frühblüher, andere kommen erst spät in Fahrt. Auch können die Übergänge zwischen den Blütenwellen sortenweise klar abgegrenzt oder auch fast übergangslos sein.
Einmalblühende Rosen brauchen ihre alte Holzsubstanz, um entsprechend üppig zu blühen. Sie blühen am mehrjährigen Holz, wie die Gärtner sagen. Mit einem Rückschnitt im Frühjahr brächten Sie diesen Typ um seine Blütenpracht, denn die neuen Triebe blühen im Jahr des Rückschnitts nicht mehr. Öfterblühende Gartenrosen blühen dagegen am so genannten diesjährigen Holz. Das bedeutet, dass alle Jungtriebe, die seit dem Rückschnitt im Frühjahr gewachsen sind, noch im selben Jahr mit einer oder mehreren Blüten abschließen. Bei dieser Gruppe ist ein Rückschnitt der Blütenfülle förderlich, da durch den Schnitt sehr viel mehr Blütengehölz gebildet wird als bei ungeschnittenen Exemplaren.

Einmal schneiden, bitte

Tatsächlich sind die öfterblühenden Gartenrosen auf einen jährlichen Besuch beim »Friseur« angewiesen. Für moderne, öfterblühende Rosen gilt: Je mehr junge, grüne Triebe verhanden sind, desto mehr Blüten können Sie im Laufe des Sommers erwarten. Je älter das Holz, desto weniger Blüten bildet es. Vor allem öfterblühende Edel-, Beet- und Zwergrosen würden ohne einen regelmäßigen Schnitt rasch vergreisen. Die Folge sind nachlassende Blühwilligkeit und Blütengröße. Nur ein regelmäßiger Frühjahrsschnitt lässt Sonnenlicht auch auf untere, ruhende Knospen fallen und regt diese zur Entwicklung neuer Blütentriebe an.
Alles verstanden? Wenn nicht, ist dies kein Problem. Entscheidend für Sie als Gartenfreund ist nur zu wissen, zu welcher großen Blührhythmusgruppe Ihre Sorte gehört: einmal- oder öfterblühend. Deshalb ist auch die Kenntnis der Rosensorte von großer Bedeutung. Schreiben Sie für Ihre Rosen am besten entsprechende Etiketten, auf denen Sie den Namen und das Blühverhalten vermerken. Diese Informationen sind auch für den Gärtner bedeutsam, der unter Umständen Ihre Rosen pflegen und schneiden soll.

Schnittumfang

Aufgrund des unterschiedlichen Blühverhaltens und der vielen Rosenklassen gibt es für den Rosenschnitt leider kein Patentrezept. Jedoch gibt es grundsätzliche Regeln, an denen sich der Roseneinsteiger orientieren kann. Die wichtigsten werden mit den so genannten Wachstumsgesetzen beschrieben.

Die Wachstumsgesetze besagen, dass bei starkem Rückschnitt die nur wenigen verbliebenen Knospen wenige, dafür aber längere und stärkere Triebe ausbilden. Umgekehrt gilt: Ein nur leichter Schnitt sorgt für zahlreiche, dafür aber kürzere und dünnere Triebe.

Schnittführung

Schützen Sie Ihre Hände mit kräftigen Handschuhen. Idealerweise setzen Sie den Rückschnitt der Triebe etwa 5 mm oberhalb einer Knospe, die nach außen weist, leicht schräg an. Dadurch können Regentropfen von dem weichen und sehr empfindlichen Neutrieb abrollen. Außerdem bilden sich so keine Tropfen auf der Schnittfläche, die eine Fäulnisgefahr mit sich bringen. Setzen Sie aber die Schere nicht überbetont schräg an, damit die Schnittwunde so klein wie möglich bleibt. Lassen Sie etwa 5 mm Triebrest über der Knospe stehen. Rosentriebe neigen nach dem

► Achten Sie auf eine leicht schräge Schnittführung. Idealerweise weist die oberste nach dem Schnitt verbliebene Knospe nach außen.

Schnitt dazu, leicht zurückzutrocknen. Ist der Schnitt zu tief angesetzt, könnte durch das Rücktrocknen das oberste Auge, wie die Knospe auch genannt wird, leiden. Lassen Sie andererseits keine zu langen Zapfenstummel nach dem Schnitt

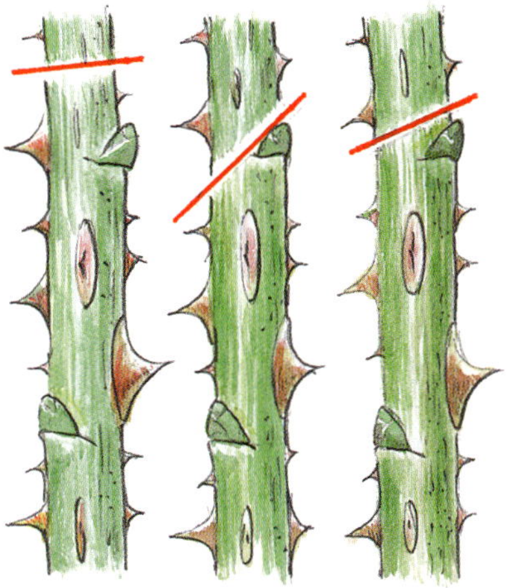

◄ Der rechte Trieb ist korrekt geschnitten. Der Schnitt wurde leicht schräg über der Knospe angesetzt. Die weiteren Beispiele zeigen zu harte (zu nah an der Knospe) bzw. zu stummelreiche Schnitte.

stehen. Eine scharfe Schere schneidet die Triebe glatt und sauber ab und hinterlässt kein Quetschungen, die wieder Ausgangspunkte für Fäulnis sein könnten.
Halten Sie das Schnittgut mit einer Hand fest und tragen Sie es gleich aus den Beeten hinaus. Vielleicht mögen diese Hinweise für Einsteiger pedantisch klingen, doch Hygiene ist in diesem Falle wirklich wichtig. Lassen Sie keine Schnittabfälle zwischen den Rosen liegen, da sie potenzielle Krankheitsherde darstellen. Wenn Sie beispielsweise im Vorjahr mit Sternrußtau zu kämpfen hatten, sitzen auf den Rosentrieben sehr wahrscheinlich noch hartnäckige Dauersporen dieser Krankheit. Derartig befallene Triebe sollten Sie nicht kompostieren, sondern aus dem Garten entfernen oder an geeigneter Stelle vergraben. Außerdem stellen liegen gebliebene Triebreste mit ihren scharfen Stacheln beim Unkrautjäten im Sommer eine ernst zu nehmende Verletzungsgefahr dar.

Schneiden Sie Ihre Rosen niemals im Herbst zurück! Kürzen Sie im Herbst nur überlange Triebe ein, die peitschenförmig weit aus den eigentlichen Sträuchern herausragen und der Gefahr durch Wind- bzw. Schneebruch ausgesetzt sind. Auch totes Holz können Sie bei dieser Gelegenheit entfernen. Der früher praktizierte Herbstschnitt der grünen Triebe hat sich aus mehreren Gründen als nachteilig für die Überwinterung der Rosen erwiesen. Es leuchtet ein, dass Rosen kurz vor dem Einbruch des Winters während der kühlen Herbstperiode offene Wunden nicht mehr schließen können. Zu diesem Zeitpunkt haben die Rosen ihre Wuchsaktivitäten bereits weitestgehend eingestellt und auch alle Vorgänge im Pflanzeninneren fast auf null heruntergefahren. Der Frost könnte ungehindert eindringen und entsprechende Schäden verursachen, denen die »schlafende« Pflanze keine Widerstandskräfte entgegenzusetzen hätte.
Frören die Triebreste im Winter weiter zurück, wäre es um die Rose geschehen, da sie keinen weiteren Knospenpuffer mehr hat. Zudem trieben die bereits im Herbst eingekürzten Rosen im Frühjahr unmittelbar mit dem ersten Wär-

Schnittzeitpunkt

Der beste Zeitpunkt für den Rosenschnitt ist grundsätzlich das Frühjahr, etwa zur Zeit der Forsythienblüte. Die Forsythienblüte ist eine praktische Orientierungshilfe, da sie entsprechend den unterschiedlichen Höhenlagen und Regionen variiert. In wärmeren Gefilden blüht die Forsythie früher, womit auch ein früherer Rückschnitt der Rosen einhergehen sollte. In kälteren Gebieten verschiebt sich die Forsythienblüte entsprechend nach hinten, sodass uns die Natur für jeden Ort und jedes Jahr auf die Frage nach dem richtigen Schnittpunkt eine den Rosen angepasste Antwort gibt.

Öfterblühende Gartenrosen blühen am diesjährigen Holz. Je mehr junge Triebe sie bilden, desto mehr Blüten tragen sie.

meangebot der Sonne aus den basisnahen Knospen aus. Diese Neutriebe wären vor allem nach einem kurzen, milden Winter in höchstem Maße spätfrostgefährdet, was den Verlust der ganzen Pflanze bedeuten könnte.

Dies ist auch der Grund, warum Sie den Frühjahrsschnitt der Rosen nicht zu frühzeitig vornehmen sollten. Lassen Sie sich nicht aus der Ruhe bringen, wenn Ihre ungeschnittenen Rosen bereits im Februar zu treiben beginnen. Solch ein Frühstart ist zum Beispiel nach einem milden Winter denkbar. Der ungeduldige Rosenfreund könnte nun annehmen, dass er mit dem Schnitt bereits zu spät dran sei. Kurze, vorzeitige Triebe können aber bis zum richtigen Schnittzeitpunkt stehen bleiben und dann ohne Bedenken beim eigentlichen Frühjahrsschnitt (zur Forsythienblüte) entfernt werden. Der Rose entsteht durch den Verlust dieser Austriebe kein Schaden. Auch wird dadurch nicht die Blütenfülle des Rosensommers geschmälert. Vielmehr ist das Gegenteil der Fall: Durch den erzwungenen Neustart der Triebbildung können die zukünftigen Blütentriebe mit den länger werdenden Tagen entsprechend mehr Licht, also Blütentreibstoff, aufnehmen, als die vorzeitigen Triebe es hätten tun können.

Schnitt öfterblühender Edelrosen

Von allen Rosenklassen erhalten Edelrosen den stärksten Rückschnitt. Ohne Schnitt würden sie sich bereits nach wenigen Jahren zu staksigen Kleiderständern mit sparrigem Erscheinungsbild aufbauen. Häufeln Sie die Edelrosenstöcke zunächst ab. Entfernen Sie alle kranken und abgestorbenen Triebe innerhalb des Pflanzenstocks. Wie viel Sie zurückschneiden, entscheiden Sie selbst gemäß den bereits angesprochenen Wachstumsgesetzen. Ein harter Rückschnitt fördert weniger, aber stärkere Triebe, während ein gemäßigter Schnitt das Gegenteil bewirkt (siehe Grafik S. 34). Deshalb kann nur eine Bandbreite für die Höhe, auf der der Schnitt angesetzt wird, angegeben werden. Sie liegt bei 20–40 cm. Auf jeden Fall sollten bei Edelrosen immer vier bis fünf gut ausgebildete Knospen pro Trieb nach dem Schnitt verbleiben.

Um Edelrosen einen buschigeren Aufbau zu verleihen, ist es bei betont aufrecht wachsenden Sorten sinnvoll, einen Teil der Neutriebe ab Mitte Mai zu halbieren. Fachleute bezeichnen diesen Vorgang als **Pinzieren.** Das Pinzieren regt die Neutriebe zu einer weiteren Verzweigung an, was die Buschigkeit des Wuchses fördert. Allerdings verzögert sich durch das Pinzieren der Zeitpunkt der Blüte um zwei bis drei Wochen. Dies kann allerdings erwünscht sein, etwa wenn Gartenfreunde mit vielen Rosen die Blüte mittels Pinzieren auf mehrere Wochen verteilen möchten.

Schnitt öfterblühender Beetrosen

Im Prinzip wird bei den Beetrosen wie bei Edelrosen verfahren. Der größte Unterschied liegt in der Festlegung der Schnitthöhe. Beetrose bleiben deutlich niedriger als Edelrosen und werden einheitlich auf etwa 20 cm (Scherenlänge) zurückgenommen. Diese Schnitthöhe sichert in der Regel den Verbleib von vier bis fünf kräftigen Knospen pro Trieb.

Schnitt öfterblühender Zwergrosen

Zwergrosen sind kleine Beetrosen. Schneiden Sie die rosigen Däumlinge auf etwa 10–15 cm zu-

Bei öfterblühenden Edel-, Beet- und Zwergrosen sollten nach dem Schnitt vier bis fünf gut ausgebildete Knospen pro Trieb verbleiben.

rück. Ansonsten gilt das bei Edel- und Beetrosen Gesagte.

Schnitt einmalblühender Kletter- und Ramblerrosen

Einmalblühende Kletterrosen blühen nicht an ihren einjährigen Langtrieben. Erst die aus den mehrjährigen Langtrieben entspringenden Seitentriebe tragen die begehrte Blütenpracht. Es muss also immer ausreichend altes Holz für eine Blüte vorhanden sein. Deshalb werden einmalblühende Kletterrosen – wenn überhaupt – nur sehr wenig geschnitten. Junge Pflanzen schneidet man nicht, sondern biegt ihre Ruten in die Waagerechte und bindet sie fest. Sie sollen erst einmal ein Astgerüst für die spätere Blütenfülle aufbauen. Nach der Blüte im Juni können Sie die verwelkten Blüten bis auf zwei bis drei Knospen zurücknehmen. Dieser Schnitt ist kein Muss, spornt den Stock jedoch zur Bildung neuer Triebe an, die bis zum Herbst ausreifen können. Wenn Hagebutten Ihre Kletterrosen zieren sollen, dürfen die Blüten nicht im Sommer abgeschnitten werden. Im Turnus von vier bis fünf Jahren können Sie bei großen Kletterrosen mehr als fünf Jahre alte Triebe basisnah entfernen, damit sich der Stock fortlaufend verjüngt.

Ramblerrosen sind besondere einmalblühende Kletterrosen, die man gerne in lichte Bäume wachsen lässt. Sie werden bei entsprechendem Raumangebot nicht regelmäßig geschnitten, sondern, wenn überhaupt, nur ausgelichtet, d. h., alte, mehrjährige Triebe werden an ihrer Basis entfernt. Eine radikale Verjüngung zu groß gewordener Ramblerrosen ist aber möglich. Dabei werden die Stöcke nach der Blüte bis zum Boden zurückgeschnitten. Nur die diesjährigen Jungtriebe bleiben übrig.

Schnitt öfterblühender Kletterrosen

Entfernen Sie im Frühjahr alle toten und beschädigten Triebe. Öfterblühende Kletterrosen blühen sowohl an den diesjährigen wie an den einjährigen Trieben. Neue Langtriebe schließen also noch im gleichen Jahr mit einer Blütendolde ab. Kümmerliche Triebe schneiden Sie direkt an der Austriebsstelle ab. Das erste Verblühte können Sie bis zu einer kräftigen Knospe entfernen (Sommer-

Bei öfterblühenden Kletterrosen entfernen Sie zunächst altes und totes Holz. Kürzen Sie dann die Seitentriebe auf drei bis fünf Knospen ein.

► So sieht eine korrekt geschnittene öfterblühende Kletterrose aus. Das Seitenholz ist eingekürzt, die Triebe werden schräg geführt.

schnitt), da die öfterblühenden Kletterrosen noch im gleichen Sommer eine neue Blüte bilden. Binden Sie überlange Seitentriebe und neue Langtriebe am Klettergerüst möglichst waagerecht fest, ohne dass die Triebe eingeschnürt werden. Sie sind die Grundlage für die nächstjährige Blütenfülle.

► Beim Schnitt von öfterblühenden Strauchrosen wird zunächst totes Holz entfernt. Danach folgt ein leichter Formschnitt, der dem Wuchscharakter der Sorte entspricht.

Schnitt einmalblühender Strauchrosen
Zu den einmalblühenden Strauchrosen zählen u.a. Park- und Wildrosen. Charakteristisch für diese Gruppe sind blühende Seitentriebe, die sich aus ein- und mehrjährigen Trieben entwickeln. Es gilt also, altes **Holz als Blütenträger zu erhalten.** Ein Rückschnitt im Frühjahr brächte Sie um die Blüte. Deshalb reduziert sich ein Schnitt bei dieser Gruppe, ähnlich wie bei den einmalblühenden Kletterrosen, auf das Entfernen von krankem, zurückgefrorenem bzw. totem Holz. Außerdem können Sie zu dicht stehende Triebe auslichten. Werden Ihnen die Pflanzen zu groß, können Sie die Rosenriesen verjüngen.

Schnitt öfterblühender Strauchrosen
Öfterblühende Strauchrosen bilden ihre Blütentriebe nicht nur als Seitenholz älterer Äste, wie dies bei den einmalblühenden Kollegen der Fall ist. Sie **blühen auch am diesjährigen Holz.** Theoretisch könnten sie deshalb auch im Früh-

◄ Zum bodennahen Auslichten alter Triebpartien ist eine Astschere hilfreich. Gibt es viele Rosensträucher zu schneiden, lohnt sich diese Anschaffung.

jahr zurückgeschnitten werden, um im Sommer zu blühen. Rosenkenner lassen sie in der Regel aber ohne stärkere Schnitte gedeihen, weil sie die Pflanzen als freitragende, wuchsschöne Ziersträucher kultivieren möchten. Dazu benötigen die Strauchriesen allerdings entsprechend Platz; mindestens vier Quadratmeter Raum sollte einer Strauchrose vergönnt sein. Nach dem ersten Flor können Sie Verblühtes (Sommerschnitt) bis auf eine kräftige Knospe zurücknehmen. Dies fördert – wie bei den öfterblühenden Kletterrosen – eine Nachblüte nach sechs bis sieben Wochen. Alte, abgetragene Grundtriebe können Sie direkt am Basisansatz in Erdnähe absägen. So erzielen Sie eine kontinuierliche Verjüngung der rosigen Ziersträucher.

Schnitt Alter Rosen

Die meisten Alten Rosensorten sind einmalblühend und wachsen wie Strauchrosen. Sie werden deshalb wie die einmalblühenden Strauchrosen behandelt. Manche Sorten neigen zudem dazu, extrem lange Peitschentriebe auszubilden. Biegen Sie solche Langtriebe nach unten und fixieren Sie sie am Boden. Dadurch entsteht ein Saftstau in den Trieben, der die Bildung blütenreicher Seitentriebe fördert.

Schnitt Englischer und romantischer Nostalgierosen

Die meisten Englischen und romantischen Nostalgierosen sind öfterblühende Strauchrosen. Zum Schnitt gilt das dort Gesagte.

Schnitt öfterblühender Flächenrosen

In dieser Rosengruppe muss man zwischen veredelten und wurzelechten Pflanzen unterscheiden. **Veredelte Flächenrosen,** zu erkennen an der dicken Wulst zwischen grünen Trieben und braunen Wurzeln, brauchen keinen regelmäßigen Schnitt. Sie sollen Flächen dicht abdecken, um einen Unkrautwuchs zu unterdrücken. Ist nach Jahren eine Verjüngung gewünscht, schneiden Sie Flächenrosen wie öfterblühende Beetrosen zurück.

Immer häufiger werden **wurzelechte Flächenrosen** angeboten, die keine lästigen Wildtriebe

◄ Öfterblühende Strauchrosen kommen viele Jahre ohne Schnitt zurecht. Dann empfiehlt sich aber eine Verjüngung der Sträucher durch das Auslichten und Verkürzen der Grundtriebe.

▲ Edel- und Beetrosensorten als Stämmchen schneiden Sie wie ihre niedrigen Kollegen stark zurück. Dagegen beschränkt sich der Schnitt überhängender Kaskadenkronen nur auf das Entfernen von totem bzw. sehr altem Holz.

ausbilden können. Diese können Sie zeitsparend mit der Heckenschere oder gar einem Mähbalken einheitlich auf etwa 30 cm zurückschneiden.

Schnitt von Stammrosen

Entscheidend für die Art des Rückschnitts ist, welche Rosenklasse als Krone auf die Fuß-, Halb- und Hochstämme veredelt wurde. Wurden Beetrosen veredelt, werden die Kronen wie Beetrosen behandelt und auf etwa 20 cm zurückgeschnitten. Achten Sie beim Schnitt auf eine gleichmäßige Kronenform. Auch duftende Edelrosen finden sich oft als Stammkronen, da sie so ihren Duft auf Nasenhöhe bringen. Schneiden Sie solche Kronen nach den Schnittregeln für öfterblühende Edelrosen und achten Sie auch hier auf eine schöne Kronenform.
Auf Kaskadenstämmen mit einer Kronenhöhe von 140 cm thronen meist öfterblühende Kletter- und Strauchrosen. Hier gelten die für diese Gruppen gültigen Schnittregeln. Entfernen Sie nur totes und sehr altes Holz und lassen Sie die Kronen sonst ungeschnitten.

Schnitt stark zurückgefrorener Stammrosen

Bei niedrigen Rosenbüschen ist die Veredlungsstelle durch das tiefe Pflanzen optimal vor Väterchen Frost geschützt. Bei Stammrosen ist dies nicht der Fall. Selbst aufwändige Winterschutzmaßnahmen können mitunter ein Zurückfrieren der Krone nicht verhindern. Derart geschädigten Stammrosen hilft nur ein radikaler Rückschnitt und ein Neuaufbau. Fast jede Stammkrone hat ein zweites Leben, denn meist haben so genannte schlafende Knospen den Frost überlebt. Diese kaum sichtbaren Reserveknospen befinden sich direkt am Kronenansatz, der wulstartigen Veredlungsstelle in entsprechender Stammhöhe. Ein harter Schnitt zwingt sie zum Austreiben. Haben Sie Geduld, oft dauert es bis in den Mai, ehe die Hilfsknospen sich regen. Aus ihnen lässt sich durch mehrmaliges Pinzieren eine neue Krone formen.

Sommerschnitt
Damit öfterblühende Rosensorten immer wieder neue Blütentriebe entwickeln, sollten Sie die verwelkten Blüten umgehend entfernen. Nach etwa sechs Wochen blühen die Rosen erneut. Der so genannte Sommerschnitt der Gartenrosen hat mit dem Rückschnitt der Rosenstöcke im Frühjahr nichts zu tun. Beim Sommerschnitt geht es darum, den kräftezehrenden Ansatz von Hagebutten zu unterbinden. Stattdessen fließt die Pflanzenkraft in neue Blüten. Bei büschelblütigen Beetrosen kürzen Sie zunächst die welke Spitzenblüte heraus. Sind alle Seitenblüten ebenfalls verwelkt, schneiden Sie die gesamte Dolde oberhalb des ersten Laubblattes ab. Bei Edelrosen entfernen Sie nach der Blüte das Verwelkte mitsamt zweier Blätter oberhalb des dritten Laubblattes.
Ein positiver Nebeneffekt des Sommerschnitts: An den Rosensorten, die sich schlecht putzen, bei denen also die Blütenblätter während ihres Aufblühens nach häufigen Niederschlägen zum Verfaulen neigen, verbleiben keine potenziellen Fäulnis- und damit Krankheitsherde.
Als Richtschnur für die Schnitttiefe fungiert das erste voll ausgebildete Laubblatt, über dem der Schnitt angesetzt wird. Ein tieferer Sommerschnitt entzöge der Rose zu viel wertvolle Laubfläche. Wer möglichst viele Hagebutten ernten möchte, verzichtet auf den Sommerschnitt. Mit dem Ausschneiden der Blüten wird nämlich der Fruchtansatz unterbunden oder zumindest dessen Ausreife verzögert.

Pflanzenschutz

Rosen hängt der Ruf an, besonders anfällig für Krankheiten und Schädlinge zu sein. Tatsächlich ist die Existenz der strengen ADR-Rosenprüfung, für die es sonst keine Parallelen im Bereich der Ziergehölze gibt, ein Indiz dafür, dass die Königin der Blumen besondere Pflege verlangt. Glücklicherweise hat die Rosenzüchtung in Sachen Widerstandsfähigkeit gegenüber den lästigen Pilzkrankheiten wie Sternrußtau und Mehltau in den letzten Jahren beträchtliche Fortschritte gemacht. Man kann sagen, dass mit einer überlegten Sortenauswahl auf rosengerechten Standorten viele Jahre auf chemische Pflanzenschutzmittel verzichtet werden kann.
Es soll an dieser Stelle aber nicht verschwiegen werden, dass auch die robusteste Sorte einmal in die Jahre kommt. Krankheiten und Schädlinge sind einem ständigen Selektionsprozess unterworfen. Es entwickeln sich fortlaufend neue, noch aggressivere Arten. Dies erklärt, warum Rosensorten, die bei ihrer Markteinführung vor Jahrzehnten als gesund galten, heute nicht mehr den Ansprüchen genügen. Gegen neue Pilzstämme müssen sich neue, noch robustere Rosensorten behaupten. Egal, wie viel Tausend Rosensorten es bereits gibt: Das Züchten widerstandsfähiger Sorten ist und bleibt eine Daueraufgabe, die nie beendet ist.
Wer sich an älteren Sorten erfreuen möchte, die jahrgangsweise immer wieder einmal einen Befall aufweisen können, sollte vorbeugende Maßnahmen ergreifen, um einen Befall bereits im Keim zu ersticken. Wählen Sie einen für Rosen geeigneten Standort mit ausreichender Besonnung. Vermeiden Sie rosige Monokulturen, die durch eine geballte Rosenpflanzung entstehen.

▲ Beim Sommerschnitt der öfterblühenden Rosen entfernen Sie verwelkte Blütenstände oberhalb des ersten Laubblattes, damit eine rasche Nachblüte einsetzt.

Nützlinge wie Vögel und Schwebfliegen sind hilfreiche Partner aller Rosengärtner. Sie vertilgen beträchtliche Schädlingsmengen.

Fördern Sie Nützlinge!

Marienkäferlarven sind wahre Lausjäger. Jede Larve vertilgt während ihrer dreiwöchigen Entwicklungszeit bis zu 600 Blattläuse. Florfliegenlarven stehen ihnen in nichts nach. Jedes Jahr vernichten mehrere Florfliegen-Generationen unzählige Blattläuse. Die Larven der Schwebfliegen spießen Blattläuse mit ihren Mundwerkzeugen regelrecht auf. Vögel fressen gerne Insekten. Bieten Sie ihnen katzensichere Nistgelegenheiten. Die Winterfütterung ist ein effektiver Beitrag zur naturnahen Bekämpfung von Schädlingen. Denn je mehr Vögel Ihren Garten bevölkern, desto mehr Mitkämpfer gegen unerwünschte Läuse und Larven haben Sie im Frühjahr. Und bedenken Sie eines: Auf staubgewischten, absolut lausfreien Rosen können sich keine Nützlinge einstellen. Deshalb ist es notwendig, einen kleineren Befall zu tolerieren, damit der Tisch für die nützlichen Gartengäste auch entsprechend gedeckt ist.

Seien Sie tolerant!

Ein paar Mehltau-Blätter oder einige Läuse sind noch kein Grund, mit Kanonen auf Spatzen zu schießen. Setzen Sie Pflanzenschutzmittel erst ein, wenn die Befallsstärke tatsächlich die Rosenpflanze in ihrer Existenz gefährdet. Entscheiden Sie sich für bienenungefährliche Pflanzenschutzmittel. Wenden Sie die Mittel sachgemäß und rechtzeitig an. Heutige Pflanzenschutzmittel haben, verglichen mit früheren Präparaten, bei einem akuten Massenbefall eine eingeschränkte Wirksamkeit.

ADR-Rosen – Vorzeigemodelle mit Prädikat

Die Sortenfülle der Rose ist für den Gartenfreund Wohl und Wehe zugleich. Aus über 2500 Sorten können Gartenfreunde alleine im deutschsprachigen Raum wählen. Weltweit werden über 30.000 verschiedene Rosensorten gezählt. Und jährlich kommen neue hinzu. Die Sortimente der Zukunft werden also eher noch unübersichtlicher. Eine wichtige Orientierungshilfe, um aus diesem auch für Kenner unüberschaubaren Angebot die besten Sorten für den eigenen Garten herauszufinden, bietet das ADR-Prädikat. Die

Das ADR-Prädikat ist eine wichtige Orientierungshilfe bei der Suche nach robusten, pflegeleichten Rosen. Achten Sie beim Einkauf auf das ADR-Kürzel.

Allgemeine **D**eutsche **R**osenneuheitenprüfung ist eine Art »Stiftung Warentest« für Rosen und gilt als der härteste Rosen-TÜV der Welt. Im Verlauf dieser Prüfung müssen sich neue Rosensorten – ohne Pflanzenschutzmittel – gegenüber den Unbilden der Natur behaupten.
Die Anfänge der ADR-Prüfung gehen auf die 50er Jahre des letzten Jahrhunderts zurück. Bereits damals beschlossen die Rosenzüchter, durch eine unabhängige Rosenprüfung mehr Transparenz ins Rosensortiment zu bringen.
Das Ziel damals wie heute ist: Es sollen nur gute und erprobte Sorten in den Handel kommen.
Mittlerweile hat sich aus kleinen Anfängen der ADR-Prüfung die bundesweit wichtigste Bewertung von Rosensorten entwickelt. In elf Prüfungsgärten im gesamten Bundesgebiet werden über mehrere Jahre hinweg Rosen auf Blühwilligkeit und Robustheit getestet. Dabei müssen sich die Sorten an den Prüfstandorten ohne Pflanzenschutzmittelbehandlung bewähren. Fortlaufende Bewertungen in den unterschiedlichen Kategorien wie Widerstandsfähigkeit gegenüber den lästigen Pilzkrankheiten Sternrußtau und Mehltau, Zierwert und Winterhärte führen zu einer abschließenden Gesamtbewertung. Nur Sorten, die die höchsten Punktzahlen erreichen, erhalten das ADR-Zeichen.
Bereits mehr als 1500 Sorten haben die ADR-Prüfung durchlaufen. Davon erlangten 120 das ADR-Prädikat. Damit ist die Prüfung aber nicht abgeschlossen. Auch nach einer Anerkennung müssen sich ADR-Rosen immer wieder neu beweisen. Alten ADR-Sorten kann das Prädikat nämlich auch wieder aberkannt werden, wenn sie die strengen Kriterien nicht mehr erfüllen.

Achten Sie beim Rosenkauf auf das ADR-Prädikat. Mit dem Kauf von ADR-Rosen unterstützen Sie die Züchtung umweltschonender Rosensorten, die ohne Pfanzenschutzmittel auskommen. Eine aktuelle ADR-Liste kann unter *www.adr-rose.de* eingesehen werden.

◄ 'MaxiVita' ist eine ADR-Rose der neuesten Generation. Sie bietet maximale Widerstandskraft und beste Vitalität. Die rosafarbenen Blütenblätter sind zum Blütenboden hin gelb-orange gefärbt.

◄ 'Celina', eine gelb blühende Flächenrose mit ADR-Auszeichnung, gilt als besonders widerstandsfähig. Sie stammt von dem Rosenzüchter Noack und ist sehr regenfest.

◄ 'Red Yesterday' ist eine ADR-Flächenrose. Die weinrote Einzelblüte ziert ein weißes Auge. Die vielseitige Rose eignet sich für niedrige Hecken ebenso wie zur Bildung eines dichten Blütenteppichs.

▶ Das Abdecken von grünen Rosentrieben mit Nadelreisig hat sich als idealer Frost- und Windschutz erwiesen.

Kälteschutz

Frostschutz von innen

Für einen Autofahrer ist es selbstverständlich, sein Fahrzeug auf die kalte Jahreszeit vorzubereiten. Er lässt Winterreifen aufziehen, die Kühlerflüssigkeit auf ihre Wintertauglichkeit prüfen und bringt durch die Zugabe von Frostschutzmitteln den Gefrierpunkt des Scheibenwischerwassers auf polartaugliche Minustoleranzen. Nichts anderes verlangt die Rose. Ihre Zellen haben während des Sommers reichlich Wasser getankt. Damit sich die Zellen rechtzeitig vor der kalten Jahreszeit entwässern können, ist eine Patentkaligabe Ende August sinnvoll. Dies erhöht die Holzreife und damit die Frosthärte der Pflanzen.

Zudem können Sie bereits während des Hochsommers durch die richtige Pflege zur Winterfitness Ihrer Rosen beitragen. Düngen Sie die Pflanzen nach dem 1. Juli eines Jahres nicht mehr mit Stickstoff. Ein Zuviel an Stickstoff schränkt die Holzreife der Rose unmittelbar ein. Schnittmaßnahmen im Spätsommer und ein starker Befall durch Sternrußtau bewirken ebenfalls eine Schwächung der Rosen. Die Pflanzen kommen nicht zur Ruhe und werden immer wieder zur Entwicklung von späten Trieben gezwungen, die im höchsten Maße frostgefährdet sind.

▶ Ohne Schutz sind in kalten Wintern die grünen Triebe der Rosen der Gefahr ausgesetzt, stark zurückzufrieren. Dies kann zum Totalverlust einer Rosenpflanze führen.

Winterschutz von außen

In der Regel können alle im deutschsprachigen Raum angebotenen Rosensorten als winterfest eingestuft werden. Dennoch empfiehlt es sich, besonders in Höhenlagen und in kontinental geprägten Klimazonen der Königin der Blumen einen zusätzlichen Winterschutz zu gewähren. Vor allem junge Rosenpflanzen, die noch nicht ausreichend fest im Boden verwurzelt sind, sind in den ersten Jahren für einen Winterschutz dankbar.

Die unterschiedlichen Rosenklassen erfordern unterschiedlichen Frostschutz. Bei allen veredelten Gartenrosen sollte jedoch die Veredelungsstelle ausreichend gepflanzt sein. Damit der veredelte Teil einer Rosenpflanze ausreichend vor tiefen Frosttemperaturen geschützt ist, muss die Veredlungsstelle etwa 5 cm unter der Erdoberfläche liegen. Selbst wenn die oberirdischen Triebe zurückfrieren, kann aus diesem Knotenpunkt dann immer wieder eine neue Pflanze aufgebaut werden.

Edel-, Zwerg- und Beetrosen: Der klassische Rosenschutz während des Winters ist das Anhäufeln der Edel-, Zwerg- und Beetrosen. Häufeln Sie ab Dezember die ausgereiften, gut verholzten Rosentriebe etwa 15–20 cm hoch an. Hacken Sie zum Anhäufeln nicht die Erde um die Rosen auf, denn dadurch könnten Sie Rosenwurzeln beschädigen. Verwenden Sie lockere Lauberde, Gartenkompost, Rosenmulch oder Ähnliches. Verwenden Sie niemals Torf. Nasser Torf legt sich bei Frost wie eine Schlinge um die Rosentriebe und stranguliert sie. Über die jetzt noch herausschauenden Triebe breiten Sie einen zusätzlichen Schutz aus Nadelholzreisig. Häufeln Sie im Frühjahr die Rosenstöcke wieder ab und verteilen Sie das Häufelmaterial um die Pflanzen, damit die frischen, jungen Triebe nicht mit den Materialien direkt in Berührung kommen.

Kletter- und Strauchrosen sowie Alte Rosen, romantische Nostalgierosen und Englische Rosen: Hängen Sie im Dezember zum Schutz der Triebe vor starker, direkter Sonneneinstrahlung im Januar und Februar Nadelreisig, Sackleinen oder Jutegewebe in die Rosen hinein. Ein Bad der Triebe in der winterlichen Sonne ohne Schutz aktiviert die Rose umgehend. Im Saft stehende Triebe sind jedoch in höchstem Maße gefährdet, wenn nachts der Frost zurückkehrt und auf eine aktive Pflanze trifft. Zudem schützen die genannten Materialien vor austrocknenden Ostwinden. Sie lassen aber dennoch Luft durch und verhindern so, dass sich die Triebe erwärmen und vorzeitig austreiben. Entfernen Sie die Materialien an einem bedeckten Tag etwa Ende März.

Flächenrosen: Bei Flächenrosen handelt es sich um sehr robuste Sorten, die oft in öffentlichen Anlagen gepflanzt werden und dort ohne Winterschutz auskommen müssen. Ein Anhäufeln der Pflanzen ist bei einem geschlossenen Pflanzenbestand nicht nötig. Dies gilt vor allem auch für wurzelechte Pflanzen, die selbst nach einem Zurückfrieren immer wieder sortenecht aus dem Wurzelbereich austreiben.

Kein Plastik!

Leider sieht man immer wieder, dass Rosen, insbesondere die Kronen von Stammrosen, zum Schutz vor Frost in Plastikfolien eingepackt werden. Auch wenn die Folie perforiert ist, entstehen in solchen »Gewächshäusern« besonders an sonnenreichen Wintertagen mit großen Tag-und-Nacht-Temperaturschwankungen Wärmestaus und Feuchtigkeit, die zu Fäulnis an den Pflanzen führen. Schäden durch Nachtfröste sind vorprogrammiert.

◀ Rosenbögen als wertvolle Gestaltungselemente im Garten haben einen besonderen Schutz verdient. Packen Sie die Triebe locker in Nadelreisig ein.

▶ Die Kronen von Stammrosen sind durch ihre exponierte Lage besonders wind- und damit frostgefährdet. Locker eingebundene Nadeltriebe halten kalte Ostwinde von den Trieben fern.

Stammrosen: Packen Sie die Kronen alter Stammrosen, unabhängig von ihrer Stammhöhe, mit Sackleinen, Jutegewebe oder Nadelreisig ein. Diese Maßnahme soll die Triebe, wie bei den Strauch- und Kletterrosen, vor eisigen Ostwinden schützen. Die wenigsten Stammrosen erfrieren, die meisten vertrocknen.

Wenn Sie in ausgeprägten Frostlagen zu Hause sind, sollten Sie jüngere Stammrosen mit biegsamen Stämmen **umlegen.** Biegen Sie dazu den Stamm – langsam und mit Gefühl – über die Zapfenschnittstelle zum Boden und fixieren Sie ihn mit Haken. Aber Vorsicht: Der mitunter steife Stamm muss sich erst auf die ungewohnte Lage einstellen können. Bei einem ruckartigen Umlegen kann er brechen. Dass beim Umlegen einige Stammwurzeln im Boden abreißen, ist kein Nachteil, sondern fördert sogar den Triebabschluss und dadurch die Holzreife der Krone. Decken Sie die Krone locker mit Lauberde bzw. Gartenkompost ab und umwickeln Sie den Stamm mit Reisig oder Sackleinen, um ihn vor direkter Sonneneinstrahlung zu schützen. Richten Sie die Stämme im Frühjahr vorsichtig wieder auf.

Werkzeuge

Es gibt eine Hand voll nützliche Gartengeräte, die Ihnen die Rosenpflege erheblich erleichtern können. Die meisten davon, etwa der Spaten und die Grabegabel, gehören zur Grundausstattung des Gartenfreundes. Ihre Anschaffung lohnt sich auch für den Neueinsteiger. Bei den nachfolgend vorgestellten Geräten handelt es sich allerdings um Spezialgeräte, vor allem für ausgesprochene Rosenfans, die eine gewisse Anzahl von Rosen kultivieren.

Für alle Gartengeräte gilt, dass sie ihre Funktion nur erfüllen können, wenn sie sich in einem brauchbaren, gepflegten Zustand befinden. Zumindest einmal während der Winterzeit sollten Schneidewerkzeuge deshalb geschärft und Spatenblätter mit Öl eingerieben werden.

Abdorner

Der Abdorner ist ein praktisches Werkzeug für alle Rosenfreunde, die viele Schnittrosen schneiden. Mit dem Abdorner können Sie die Stacheln am unteren Ende der Rosenstiele problemlos und ohne Verletzungsgefahr einfach abstreifen. Eine zusätzlich angebrachte Klinge dient zum schrägen Anschneiden der Stielenden.

▶ Der Abdorner ist ein nützliches Werkzeuge für alle Gartenfreunde, die viele Schnittrosen ernten und für die Vase aufbereiten möchten.

◄ ◄ Mit Handschuhen können Sie beim Rosenschnitt fest zugreifen, ohne sich zu verletzen.

◄ Die Kralle lockert verkrustete Bodenoberflächen

Baumsäge

Wer große Strauch- und Kletterrosen verjüngen möchte, wird den Dienst einer Baumsäge rasch zu schätzen wissen. Auch die schärfste Schere hat mit dicken, verholzten Ästen Probleme. Handliche, fuchsschwanzähnliche Handsägen stellen sich jedoch gerne diesen Aufgaben. Mit dem schmalen auswechselbaren, teilweise sogar einklappbaren Sägeblatt der Baumsäge kommen Sie auch an die Basis von schwer erreichbaren Ästen.

Handschuhe

Es klingt banal, aber die Stacheln der Rose können zu Verletzungen führen. Handschuhe gehören zum Rosengärtnern wie Gurte zum Autofahren. Da man nie vorher weiß, wann sich ein Unfall ereignet, sollte man sich immer anschnallen. Schützen Sie Ihre Hände, selbst wenn Sie nur eine Rose pflegen.

Kralle

Mit diesem Werkzeug können Sie im Frühjahr Ihre Rosen bequem abhäufeln. Außerdem dient es zur Bodenlockerung. Rosen bevorzugen einen gelockerten Boden. Durch Sonne oder Regen verkrustete Bodenoberflächen lockert die Kralle problemlos, ohne Pflanzenwurzeln zu verletzen.

Präsentierschere

Das Besondere an der Präsentierschere ist ihre Klinge: Sie schneidet einen Rosenstiel ab, während er gleichzeitig von einer an der Scherenklinge angebrachten Wulst festgehalten wird. Sie können also Rosen mit einer Hand schneiden, ohne den Stiel mit der anderen Hand fixieren zu müssen. Den freien Arm können Sie nutzen, um die geschnittenen Rosen aufzunehmen und bundweise zu sammeln.

◄ Die Präsentierschere kappt einen Rosenstiel und hält ihn gleichzeitig mit ihren Klingenwülsten fest.

▶ Den spezialisierten Rosenfreund erkennt man sofort an seiner zweizinkigen Grabegabel. Mit ihr lässt sich der Boden wurzelschonend lockern.

Rosengrabegabel
Diese Grabegabel ist speziell für Rosenpflanzen angefertigt. Sie hat nur zwei Zinken anstatt drei oder vier wie die herkömmliche Grabegabel. Mit ihr lässt sich der Boden auflockern, ohne die Rosenwurzeln zu beschädigen.

Rosenschere
Eine scharfe Schere ist das A und O jedes Rosengärtners. Eine gute Rosenschere schneidet Stiele glatt ab, ohne sie zu quetschen. Saubere Schnitte verheilen besser und beugen so Pilzerkrankungen vor.

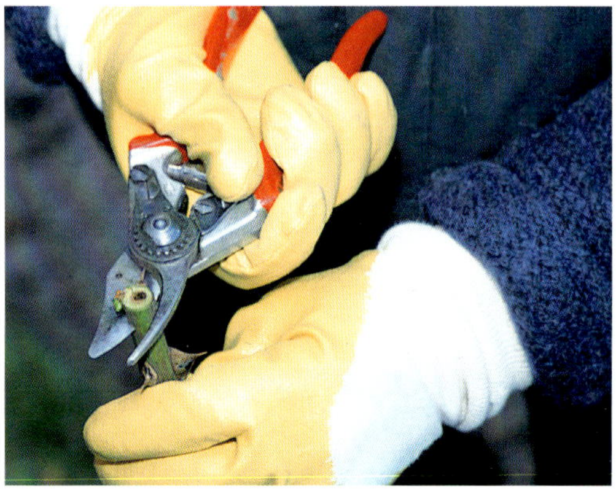

▶ Frostschäden können eine Rosenpflanze bis ins Mark treffen. Schneiden Sie derartig geschädigte Triebe bis in den gesunden, hellen Bereich zurück.

Vermehrung

Viele Wege führen nach Rom, und ebenso gibt es auch bei der Vermehrung von Rosen vielfältige Varianten. Die drei einfachsten Methoden, die auch der Gartenfreund ohne aufwändige Betriebsmittel anwenden kann, sind die durch Okulation, Stecklinge oder Steckhölzer. Allen ist gemein, dass ein Pflanzenteil von der Mutterpflanze abgetrennt wird, um deren Eigenschaften identisch und sortenecht weiterzuvermehren.

Okulation
Bei der Okulation wird eine Knospe der Muttersorte auf eine Wildrose gesetzt, sprich okuliert. Pflanzen Sie Wildlinge, die Sie in gut sortierten Baumschulen erwerben können, im Frühjahr in einen Topf. Im Juli dann wird die eigentliche Veredlung durchgeführt. Polieren Sie dazu zunächst eine 5 cm lange Stelle auf dem fingerdicken Wurzelhals des Wildlings blank. Führen Sie mit einem scharfen Messer den so genannten T-Schnitt aus. Lösen Sie die Rinde um den T-Schnitt sorgsam und schieben Sie die Knospe, die Sie von der Muttersorte geschnitten haben, in den T-Schnitt ein. Die Veredlungsstelle wird abschließend mit Bast verbunden, damit kein Schmutz eindringen kann. Im nächsten Frühjahr wird der Wildtrieb auf Höhe des T-Balkens oberhalb der angewachsenen Mutterknospe abgeschnitten. Die Knospe treibt aus, und eine neue Rose, die mit der Muttersorte zu 100 Prozent identisch ist, wächst heran. Die Okulation eignet sich für folgende Rosenklassen: Alte Rosen, Englische Rosen, romantische Nostalgierosen, Kletterrosen, Rambler, Strauchrosen, Flächenrosen, Beetrosen, Zwergrosen, Edelrosen, Stammrosen.

Steckholzvermehrung
Rosen durch Steckhölzer zu vermehren macht Spaß und schont den Geldbeutel. Geschnitten werden die etwa 20 cm langen, 5–10 mm dicken Hölzer von November bis Februar, wenn die Rosensträucher unbelaubt sind und sich im Zustand der Ruhe befinden.

◄◄ Das Okuliermesser ist dank seiner speziellen Klingenform für die Veredlung von Rosen prädestiniert.

◄ Unten der ausgeführte T-Schnitt, oben eine bereits mit Bast verbundene Veredlung.

Ideale und besonders ergiebige Steckholzlieferanten sind lange einjährige Peitschentriebe. Für den Schnitt eignet sich am besten eine scharfe Schere. Schneiden Sie die Hölzer unten schräg an, damit Sie sie leichter in die Erde drücken können. Stecken Sie am besten gleich mehrere Hölzer direkt an den Endstandort. Wichtig ist, die Hölzer tief zu stecken, damit sie nicht vertrocknen. Es sollte nur noch die oberste Knospe aus der Erde lugen.
Die Steckholzvermehrung eignet sich für folgende Rosenklassen: Kletterrosen, Rambler, Strauchrosen.

Stecklinge

Im Prinzip schneidet man Rosenstecklinge genauso wie Stecklinge anderer Pflanzen. Achten Sie auf einen frühen Stecktermin, am besten schon ab Anfang Juni. Dann haben die Stecklinge genug Zeit, bis zum Winter möglichst viel Holz aufzubauen, was für ihre schwierige Überwinterung der ausschlaggebende Faktor sein kann. Schneiden Sie von reifen, aber nicht harten Rosentrieben aus dem mittleren Triebbereich Stecklinge mit zwei bis drei Blattansätzen und einer maximalen Länge von 10 cm. Entfernen Sie von Ihren Stecklingen die untersten Blätter. Schneiden Sie an der Stecklingsbasis ein etwa 1 cm langes Rindenstück heraus. Das regt die Wurzelbildung an. Füllen Sie einen Blumentopf mit lockerer, ungedüngter Pflanzerde und bohren Sie mit einem Holzstöckchen die Stecklöcher vor. Stecken Sie nun die Stecklinge in die Löcher und drücken Sie die Erde an. Eine gespannte Folie über dem Topf sorgt für hohe Luftfeuchtigkeit innerhalb Ihres »Gewächshauses« (siehe Bild Seite 121). Nach acht Wochen haben die Stecklinge so viele Wurzeln gebildet, dass Sie sie aus dem Topf herausnehmen und in größere Gefäße umtopfen können. Pflanzzeit ist der Sommer.

◄ Die Veredlungsstelle am Wurzelhals kann auch mit so genannten Veredlungsgummis vor Schmutz geschützt werden.

Alte Rosen

Alte Rosen – Parfümrosen mit Stammbaum

Mit dem Überbegriff »Alte Rosen« sind häufig Rosenzüchtungen gemeint, deren Ursprünge sich bis vor das Jahr 1867 zurückverfolgen lassen. Dieser Jahrgang ist deshalb besonders bedeutsam, weil es in jenem Jahr zu einer Zäsur in der Rosengeschichte kam: Die Sorte 'La France', die als erste Edelrose der Neuzeit gilt, wurde eingeführt. Mit ihrer hohen, eleganten Knospe markiert diese Sorte den Beginn eines neues Rosenzeitalters, nämlich des der modernen Sorten.
Alte Rosen zählen eine stetig wachsende Zahl von Anhängern. Die Ursachen hierfür sind vielfältig. Die stark gefüllten Rosettenblüten sind für Rosenfreunde einfach unwiderstehlich. Der Duft vieler Sorten ist charismatisch und ein Sinnesrausch der besonderen Art. Die Blüten erstrahlen in zarten Pastellfarben voll Wärme und Poesie. Alte Rosen sind Rosen mit Seele. Sie wachsen meist wie Strauchrosen und brauchen Raum zur Entfaltung. Die Mehrzahl der Alten Rosen ist einmalblühend und absolut winterhart.

▶ **'Fantin Latour'**, eine einmalblühende Centifolie mit zartrosafarbenen, intensiv duftenden Blüten. Benannt nach dem Maler Henri Fantin-Latour, wächst sie sowohl als Strauch- als auch als Kletterrose.

◄ **'Ghislaine de Feligonde'** blüht lachsrosa bis gelb. Die unzähligen mittelgroßen Blüten sind gefüllt und duften angenehm. Die stachellosen Triebe hängend betont über und bilden attraktive Blütenkaskaden.

▼ **'Jacques Cartier'** fällt durch eine spektakuläre Juniblüte auf, der im Spätsommer eine Nachblüte folgt. Die Sorte entstand 1868 und begeistert seitdem mit ihren rosafarbenen, verführerisch duftenden Blüten.

▲ **'Gruß aus Aachen'** gefällt durch dicht gefüllte, rosettenartige Blüten, die in der Blütenmitte gelblich überhaucht sind. Eine Empfehlung für alle Gartenfreunde, die auch in kleinen Gärten mit Alten Rosen gestalten möchten.

► **'Königin von Dänemark'** sollte in keinem Bauerngarten fehlen. Die silberrosafarbene, einmal(ig), blühende Strauchrose verströmt einen lieblichen Duft, der süchtig macht. Ihr Wuchs ist locker buschig.

▼ **'Louise Odier'** gilt eine der besten Alten Rosen. Als problemlose Einsteigersorte versorgt sie den Gartenfreund sommerlang mit wunderbaren Duftblüten. Die robuste Strauchrose wächst überhängend-buschig.

▲ **'Madame Hardy'** ist leicht an der grünen Mitte ihrer reinweißen Blüten zu erkennen, denen ein betörender, schwerer Duft entströmt. Die Damaszener-Rose wächst aufrecht-buschig und wurde 1856 eingeführt.

► **'Madame Isaac Pereire'** besticht durch ihre außergewöhnlich großen Blütenbälle in Dunkelrosa. Damit harmoniert ein berauschender Rosenduft von verführerischer Intensität. Eine wunderbare Bereicherung für jeden Garten! Die ideale Einsteigersorte kommt noch im kleinsten Garten perfekt zur Geltung.

▲ **'Rose de Resht'** unterscheidet sich durch ihren kompakten Beetrosenwuchs von ihren Kollegen. Mit einer Höhe um 100 cm passt sie mit ihren fuchsienroten Duftblüten auch in kleinere Gartenbereiche. Auch für niedrige Hecken ist das Duftwunder eine Empfehlung.

◄ **'Souvenir de la Malmaison'** empfiehlt sich für alle Romantiker und Rosenneulinge. Die überragend duftende Bourbon-Rose blüht sommerlang und kommt auch mit einem begrenzten Platzangebot zurecht.

Expertentipps

1 Alte Rosen stabilisieren

Alte Rosen wachsen meist betont überhängend. Sie bilden nicht selten lange, schwere Peitschentriebe, die mit einer Vielzahl stark gefüllter Blüten abschließen. Regennasse Blütentriebe können ein beachtliches Gewicht erreichen und sich zum Boden herabsenken. Durch Bodenkontakt und Spritzwasser aber verschmutzen und verfaulen die Blütenbälle. Wer in niederschlagsreichen Regionen zu Hause ist, sollte deshalb seinen Duftträumen mit Hilfe eines Holz- oder Metallgerüstes zusätzlichen Halt geben. Die Gerüste lassen sich z.B. aus preiswerten, druckimprägnierten Dachlatten leicht zusammenbauen und werden rasch überwachsen. Bereits nach zwei Jahren ist von ihnen nicht mehr viel zu sehen.

1

2

2 Sind Alte Rosen pflegeleichter als moderne Sorten?

Recht oft hört man, Alte Rosen seien robuster und widerstandsfähiger als neue Rosensorten. Dies stimmt so nicht. Wahr ist, dass vor allem die einmalblühenden Rosenschätze als robust gelten. Sie sind besonders frosthart und kommen oft mit weniger Sonnenlicht als ihre modernen Kollegen aus. Sprechen wir aber von nachblühenden bzw. öfterblühenden Alten Rosen, stimmt die Formel alt = gesund nicht mehr. Achten Sie deshalb bei öfterblühenden Alten Rosen auf einen rosengerechten Standort, der von der Sonne verwöhnt wird und luftumspielt liegt. Die Sträucher belohnen Ihre Mühe mit schönen Blüten und herrlichen Düften.

3 Alte Rosen sammeln als Hobby

Alte Rosen zu sammeln ist ein spannendes Hobby. Viele Sorten werden heute nicht mehr angeboten, manche rosige Antiquität ist nur noch in Sammlerkreisen bekannt. Aufgrund der Fülle an alten Sorten sollte man sich zumindest anfangs auf bestimmte Rosenklassen beschränken. Sammeln Sie zunächst Erfahrungen mit robusten Einsteigersorten, etwa den in diesem Buch genannten Züchtungen. Dadurch erlangen Sie auch theoretisches und praktisches Wissen zur Pflege von Rosen, das für einen Sammler unabdingbar ist. Besuchen Sie öfter Rosengärten, die Sie in jeder größeren Stadt finden können. Bewährt hat sich auch ein Austausch unter Gleichgesinnten. Hier bieten die regionalen Freundeskreise des Vereins Deutscher Rosenfreunde ein geeignetes Forum. Die Kontaktadresse finden Sie im Anhang (S. 140).

4 Steckholzvermehrung

Viele Alte Rosen lassen sich dank ihrer langen Triebe leicht durch Steckhölzer vermehren. Dies kann notwendig werden, wenn ein Sortenname nicht bekannt und/oder ein sortenechter Nachkauf nicht möglich ist. Oder man will Freunden und Bekannten eine Freude machen, die nicht viel kostet, aber sehr viel Spaß bringt. Schneiden Sie mit einer scharfen Schere die etwa 20 cm langen, 5–10 mm dicken Hölzer von November bis Februar, wenn die Rosen unbelaubt sind. Stecken Sie die Hölzer direkt am Endstandort in den Boden oder in einen mit Erde gefüllten Kübel. Drücken Sie die Hölzer fast in ihrer gesamten Länge in die Erde, sodass nur noch die oberste Knospe aus der Erde lugt.

5 Die weltweit größte Sammlung Alter Rosen

Im ostdeutschen Europa-Rosarium Sangerhausen (06526 Sangerhausen, Steinberger Weg) in der Nähe von Erfurt befindet sich die weltweit größte Rosensammlung. Unter den 8500 Arten/Sorten können Sie auch sehr viele alte Rosensorten entdecken. Das Rosarium wurde 1903 vom Verein Deutscher Rosenfreunde gegründet. Mit 12,5 Hektar Gesamtfläche und 55 000 Rosenpflanzen gilt es als der Superlativ im Bereich Rosengärten. Besonders interessant sind beispielsweise Ende Mai der Wildrosenlehrpfad »Helmstal« und der im Jahre 2003 neu eröffnete Jubiläumsgarten. Viele Alte Rosen können Sie bei Heinrich Schultheis (Adresse im Anhang) bestellen, einem renommierten Anbieter alter Sorten.

4

5

Englische Rosen

Englische Rosen – pralle Blütenzauberer

Der Engländer David Austin zählt weltweit zu den erfolgreichsten Gartenrosenzüchtern der letzten zehn Jahre. Das Lebenswerk des mittlerweile über 80-jährigen Briten sind die so genannten Englischen Rosen (New English Roses). Genau genommen ist diese Rosengruppe keine eigenständige Rosenklasse, sondern ein Sammelbegriff für Rosen, die meist strauchartig wachsen. Die mannshohen Sträucher sind mit prächtigen Rosettenblüten übersät, deren Ausstrahlung Gartenfreunde in aller Welt begeistert. Im Unterschied zu vielen Alten Rosen, denen sie ähneln, sind Englische Rosen öfterblühend.

Verführerisch ist das Blütenparfüm Englischer Rosen, das die ganze Vielfalt der Rosendüfte widerspiegelt. Austin gelang es, in seinen New English Roses die Vorzüge moderner Rosen mit dem Charme alter Sorten zu vereinen.

▼ **'Abraham Darby'** bezaubert mit stark duftenden Blüten, deren Farbenspiel einzigartig ist: Die Palette reicht von Rosa über Pfirsich bis Apricot. Die Blätter sind widerstandsfähig und attraktiv dunkelgrün.

▼ **'Constance Spry'** gilt als die Urzelle aller Austin-Sorten. Mit der rosafarbenen, einmalblühenden Sorte begann 1960 die Weltkarriere der Englischen Rosen des britischen Rosenzüchters. Auch als Kletterrose verwendbar.

▲ **'Graham Thomas'** zieht mit ihren päonienartigen Blütenbällen in Sattgelb die Blicke auf sich. Der Strauch wird etwa mannshoch und wächst aufrecht überhängend. In regenreichen Regionen sollte er gestützt werden.

► **'Heritage'** ist die ideale Englische Rose für alle Rosenneulinge. Mit dem hochwachsenden, sehr pflegeleichten Rosenstrauch können selbst Einsteiger nicht viel falsch machen. 'Heritage' blüht weißlich-rosé.

▼ **'L. D. Braithwaite'** ist mit ihrem kompakten Beetrosenwuchs eine Ausnahme unter den Englischen Rosen. Die Austin-Züchtung blüht sommerlang leuchtend karminrot und duftet angenehm lieblich.

▼ **'Leander'** fällt durch viele kleine Blüten auf, die in prallen Büscheln erscheinen und einen magischen Himbeerduft verströmen. Das Laub ist sehr widerstandsfähig und unkompliziert.

'Mary Rose' ist eine erstaunlich früh blühende Englische Rose. Bereits ab Anfang Juni zeigen die Knospen Farbe. Typisch für die Spitzensorte sind mittelgroße, rosafarbene Blüten, die angenehm nach Wildrosen duften.

'Sharifa Asma' ist eine porzellanfarbige Austin-Sorte, die mit ihrer klassischen Blütenform an alte Rosensorten erinnert. Den perfekten Rosetten entströmt ein leichter Brombeerduft. Auch auf lichtschattigen Standorten kommt sie zurecht.

'William Shakespeare 2000' gefällt durch purpurrote Blütenschalen, die herrlich duften und sich für den exklusiven Vasenschnitt empfehlen. Der Wuchs ist aufrecht und für den Einzelstand prädestiniert.

Expertentipps

2

1 Kopflastige Triebe pinzieren

Wegen ihrer schweren Blüten neigen die Langtriebe von stark gefüllten Rosen zum Kippen. Vor allen nach längeren Regenperioden saugen sich die dicken Blütenbälle mit Wasser voll und hängen über. 1a Durch das Pinzieren der Triebe können Sie den Pflanzen einen buschigeren Aufbau verleihen und dem Durchhängen der Triebe vorbeugen. Entfernen Sie etwa Mitte Mai die Hälfte der Neutriebe. Dieses so genannte Pinzieren 1b führt zu einer besseren Verzweigung des Busches, die die gesamte Statik der Pflanzen stabilisiert und die Blütenlast quasi auf mehrere Schultern verteilt. Ein Nebeneffekt ist die verzögerte Blüte der pinzierten Triebe. Dadurch wird die Hauptblüte verlängert und auf mehrere Wochen gestreckt.

1a

2 Englische Rosen und Gräser

Die Kombination von Englischen Rosen mit Stauden ist ein Dorado für kreative Gartenfreunde. Besonders Gräser setzen mit ihrer schlanken Gestalt gestalterische Kontrapunkte zu der prallen Blütenpracht der Austin-Sorten. Gräser und Rosen kommen sich zudem im Wurzelbereich kaum in die Quere und harmonieren trefflich miteinander. Da Englische Rosen wie Strauchrosen wachsen, kommen vor allem höhere Grasarten in die engere Auswahl. Bewährt hat sich zum Beispiel das Chinaschilf *(Miscanthus)*. Auch die Rutenhirse *(Panicum)* und das Lampenputzergras *(Pennisetum)* mit ihren attraktiven Blütenähren verleihen einer Pflanzung mit Englischen Rosen Struktur und strahlen Ruhe aus.

3 Ausreichend Düngen

Englische Rosen haben einen hohen Nährstoffbedarf. Es leuchtet ein, dass die Blütenfülle entsprechend mit Futter versorgt werden muss. Dieser Heißhunger wird durch die Öfterblütigkeit der Austin-Rosen noch zusätzlich angeheizt. Bewährt hat sich eine gemischte Düngung, die sich aus organischen und mineralischen Elementen zusammensetzt. Düngen Sie die Sträucher zunächst im Winter mit Hornspänen. Gaben von 100–150 g/m² können bis zum Frühjahr im Boden umgesetzt werden. Kurz vor dem Austrieb im Frühjahr folgt dann die Düngung mit einem Depotdünger. Gut geeignet sind Düngekegel, die Sie direkt in den Wurzelbereich der Rosensträucher hineindrücken können.

3

4 Romantische Blütenfloristik

Das Pflanzen Englischer Rosen würde sich schon allein wegen der floristischen Möglichkeiten lohnen, die diese Rosengruppe bietet. Mit den edlen Blütenbällen lassen sich beispielsweise elegante Tischgestecke gestalten. Englische Rosen sind wertvolle Schnittrosen, die kaum ein Blumenfachgeschäft anbietet. Schneiden Sie möglichst kurze Stiele, um das Laub der Sträucher für einen blütenreichen Neuaustrieb zu schonen. Die Stielenden stecken Sie in feuchtes Steckmoos, wie es in Bastelläden angeboten wird. Je öfter Sie die Stielenden neu anschneiden, desto länger halten die Blütenträume. Gießen Sie die Gestecke immer nur über das Moos, niemals über die Blüten, damit Fäulnispilze keine Chance haben.

5 Besuch bei David Austin in England

David Austin, Jahrgang 1926, hat nicht nur eine bemerkenswerte Rosenschule aufgebaut. Spektakulär ist auch sein Rosengarten in Albrighton/Shropshire. Im Austin-Rosarium sind alle Austin-Sorten verwendungsgerecht aufgepflanzt, ein Besuch lohnt sich vor allem während der Sommermonate. Natürlich können nicht alle Englischen Rosen unbesehen für unsere Klimaregionen empfohlen werden, auch wenn die Verlockung sehr groß ist. Das Klima auf den britischen Inseln ist sehr viel milder als in unseren Breiten. Lassen Sie sich deshalb vor dem Kauf einer Sorte in Ihrer regionalen Gärtnerei beraten. Heimische Gärtner wissen, welche Austin-Sorten sich in der Region am besten bewährt haben.

Nostalgierosen

Romantische Nostalgierosen – moderne Rosen mit nostalgischem Charme

Romantische Nostalgierosen sind moderne Rosen für die Sinne, die mit ihren stark gefüllten Blüten an die barocke Pracht vergangener Tage erinnern. Mit ihren neuen Romantikzüchtungen lassen die Rosenzüchter ein Stück der guten alten Zeit in den Garten zurückkehren. Alle bedeutenden Züchtungshäuser haben in den letzten Jahren Neuheiten mit nostalgischer Blütenform auf den Markt gebracht. Beispiele sind die »Märchenrosen« und die »Duftrosen der Provence«, die mit ihren prall gefüllten Duftblüten Romantik pur bieten.
Mittlerweile finden sich mit Beet-, Edel- und Strauchrosen Wuchstypen für alle Gartengrößen. Mit in diese Gruppe passen auch die reizvollen Malerrosen des Franzosen Delbard, die mit gestreiften Blüten und gutem Duft Akzente setzen. Sie tragen die Namen berühmter Maler.

► **'Augusta Luise'** ist eine moderne Edelrose mit reichlich Nostalgieflair und frischem Duft. Außergewöhnlich sind die pfirsichfarbenen, sehr großen Blütenbälle. In dieses Farbspiel mischt sich ein Schuss Champagner-Rosé.

◄ **'Bernstein Rose'** gilt als Romantik-Beetrose der Spitzenklasse. Die dicken Knospen sind rötlich überhaucht und prall gefüllt. Aus ihnen entwickeln sich bernsteinfarbene Blüten mit rosettenartiger Form.

▼ **'Colette'** ist eine öfterblühende Strauch- und Kletterrose des französischen Rosenzüchters Meilland. Ihre goldbraunen Blütenblätter verströmen einen lieblichen Duft.

► **'Eden Rose '85'** ist ein Romantikklassiker. Die Strauchrose ist öfterblühend und kerngesund. Die prallen Blütenbälle in Weiß-Rosa lassen sich sehr gut für die Vase schneiden und sind regenfest.

▼ **'Henri Matisse'** stammt aus der französischen Züchterwerkstatt Delbard und zählt zur Gruppe der so genannten Malerrosen. Das Farbspiel der Blüten ist sehr dekorativ: Die Blütenblätter sind weiß und rot gestreift. Dazu kommt ein intensiver Himbeerduft.

▲ **'Leonardo da Vinci'** ist eine Beetrose, die mit ihren geviertelten, stark gefüllten Blütenrosetten dem Zauber Alter Rosen in nichts nachsteht. Die Sorte blüht sommerlang und wächst kompakt. Eine ideale Stammrose für Kübel.

► **'Old Port'** sorgt bei entsprechender Pflege für romantisches Blütenflair. Die Edelrose blüht dunkelviolett und duftet lieblich. Die Sorte eignet sich auch für Pflanzungen in Gruppen und in Kübeln.

▼ **'Red Eden Rose'** ist die rote Variante der bekannten 'Eden Rose'. Die Strauchrose ist mit dunkelroten Nostalgieblüten übersät. Eine sehr gute Sorte für entsprechend dimensionierte Freiflächen.

◄ **'Polka '91'** erinnert mit ihren großen, stark gefüllten Apricot-Blüten auf den ersten Blick an Alte Rosen. Die Strauchrose eignet sich für duftende Blütenhecken oder den Freistand inmitten einer Rasenfläche.

▼ **'Sebastian Kneipp'** gilt als Shootingstar unter den Edelrosen-Neuheiten der letzten zehn Jahren. Süßer Duft und nostalgische Blüten überzeugen auch kritische Rosenfreunde. Die Pflanze wächst wie eine kleine Strauchrose.

Expertentipps

1 Rosengerechter Standort

Nicht nur passionierte Rosenfans werden von den neuen Duftträumen magisch angezogen. Auch die bekannten Rosenkrankheiten und -schädlinge nutzen das Angebot an Nostalgierosen gern, um sich zu vermehren und auszubreiten. Schönheit ist empfindlich – Romantikrosen mit Duft sind deshalb für einen rosengerechten Platz dankbar, der ihnen mindestens sechs Stunden Sonne pro Tag gönnt. Die Kraft der Sonne sorgt dafür, dass durch Regen nass gewordenes Laub rasch abtrocknen kann. Pflanzen Sie Nostalgierosen nur auf tiefgründige Standorte. Verdichtete Böden führen früher oder später zu Wuchsdepressionen, die auch die Stimmung des Gartenfreundes nachhaltig trüben.

2 Rosenmüde Böden meiden

Viele Freunde romantischer Blütenformen möchten gerne moderne, öfterblühende Nostalgierosen nutzen, um alte, einmalblühende Romantikrosen direkt an der gleichen Stelle zu ersetzen. Leider lässt sich der züchterische Fortschritt nicht ohne weiteres nutzen. Wenn Sie Nostalgierosen auf Flächen pflanzen, auf denen zuvor schon jahrelang Rosen gestanden haben, müssen Sie mit dem Phänomen der so genannten Rosenmüdigkeit rechnen. Rosen fühlen sich im »Müll« ihrer Vorgänger nicht wohl und reagieren mit Kümmerwuchs auf derart belastete Standorte. Nur ein Erdaustausch kann das Problem entschärfen: Tauschen Sie die Erde an der gewünschten Stelle im Volumen von mindestens 60 x 60 x 60 cm aus.

3 Nostalgierosen für Rosenstämme

Romantische Nostalgierosen eignen sich sehr gut für Rosenstämme. Vor allem auf den 90 cm hohen Hochstämmen überzeugen die Duftwunder Jahr für Jahr aufs Neue und bringen den Rosenduft auf Nasenhöhe. Sie können diese Rosenbäume auch in einen Kübel pflanzen. Allerdings müssen die Gefäße entsprechend dimensioniert sein. Ein Volumen von mindestens 50 Litern ist notwendig, damit die Rosenstämme in den Töpfen ein dauerhaftes Zuhause finden. Die Stämme können Sie mit Stauden unterpflanzen. Der Vorteil der Hochstammrosen: Das Laub der Sorten bleibt in luftiger Höhe durch die Erdferne länger gesund. Bodenbürtige Sternrußtausporen können durch Spritzwasser nicht so leicht an das Laub gelangen, wie dies bei niedrigen Sträuchern der Fall ist.

4 »See-Rosen«

Die Blüten von Nostalgierosen lassen sich zu »Seerosen« umfunktionieren, denn die dicken, stark gefüllten Rosenblüten schwimmen hervorragend auf dem Wasser. Verzieren Sie flache, mit Wasser gefüllte Schalen und Gefäße mit schwimmenden Rosenblüten – ein zauberhafter Blickfang für Grill- und Sommerfeste im Freien. Zudem können Sie mit Einzelblüten, die mit Teppichklebeband versehen wurden, Eingangsbereiche, Mauern und Holzlatten dekorieren, um Freunde und Bekannte besonders stilvoll zu empfangen. Auch zum Anstecken eignen sich die Blüten: Eine Nostalgierose im Knopfloch ist ein herrliches Bekleidungsaccessoire.

5 Nostalgierosen für die Küche

Mit Rosenblüten lassen sich vielfältige Speisen zubereiten. Dies wussten bereits die Römer zu schätzen. Es gibt zahlreiche Rezepte für Rosenwasser, Rosenlikör, Rosenbowle oder einfach nur Rosen-Eiswürfel, in die Blütenblätter eingefroren sind. Die duftende Blütenfülle der romantischen Nostalgierosen ist für eine Nutzung in der Küche besonders geeignet. Aufgrund ihrer Robustheit kommen viele Sorten auf rosengerechten Standorten ohne Pflanzenschutzmittel aus. Dies ist für die Verwendung als Küchenrose wichtig, denn selbstverständlich dürfen nur ungespritzte Rosenblüten für Rezepte verwendet werden. Zudem sind Nostalgierosen öfterblühend und damit ergiebiger als ihre einmalblühenden Vorfahren.

Kletterrosen

Kletterrosen – vertikale Blütenartisten

► **'Golden Showers'** ist eine betont früh blühende Rankrose. Neben den gefüllten gelben Blüten fällt das dekorative, sattgrüne Laub auf. Eine bewährte Sorte für Spaliere, Pergolen und Kaskadenstämme.

Kletterrosen sind sehr langtriebige, meist öfterblühende Rosen, die selbst bei wenig Platz für eine grandiose Blütenpracht sorgen – frei nach dem Motto: Eine Kletterrose passt immer noch in den Garten. Wichtig sind nur ein tiefgründiger, nach unten offener humoser Boden und ein ausreichend großes Pflanzloch von mindestens 40 x 40 cm. Climber, wie Kletterrosen auch genannt werden, erreichen Höhen zwischen 200 und 300 cm. Die Blütenformen variieren von einfach bis stark gefüllt.
Dank ihrer Wuchsvitalität können Sie mit Kletterrosen kleine Torbögen und niedrige Pergolen innerhalb von drei bis vier Jahren verschönern. Natürlich lassen sich die Kletterakrobaten auch entlang einer Rosenpyramide, einem Obelisken oder einer formschönen Gittersäule führen.
Für den Aufbau einer stattlichen Kletterrose ist etwas Geduld nötig. In der Regel brauchen die rosigen Kletterspezialisten drei bis vier Standjahre, um sich zu etablieren. Deshalb sollten Sie die Sortenwahl besonders sorgsam vornehmen, um sich Enttäuschungen zu ersparen.

▲ **'Ilse Krohn Superior'** gilt als die beste weiße öfterblühende Kletterrose. Den gut gefüllten Blüten entströmt ein intensiver Duft. Die robuste Sorte ist recht frosthart und auch für Roseneinsteiger eine Empfehlung. Ein gut verankertes Spalier hält die Blütenpracht dauerhaft in Form.

◄ **'Kir Royal'** bezaubert durch seidenrosafarbene, mit rötlichen Sprenkeln übersäte Blüten, die die einmalblühende ADR-Kletterrose unverwechselbar machen. 'Kir Royal' ziert an Rosenbögen und Hauswänden gleichermaßen.

▲ **'Lawinia'** ist eine bewährte Kletterrose für Pergolen, Rosenbögen und Hauswände. Charakteristisch sind die edel geformten rosafarbenen Blüten, die einen betörenden Duft verströmen. Auch für große Kübel geeignet.

▲ **'Maria Lisa'** zählt zu den widerstandsfähigsten Kletterrosen im Sortiment. Die einmalblühende Sorte wächst stark und erobert rasch Rosenbögen und Pergolen. Stachellose Triebe schließen eine Verletzungsgefahr aus.

◀ **'Nahéma'** ist eine duftende Kletterrose des französischen Züchters Delbard, die durch ihre Gesundheit, Blütenfülle, Öfterblütigkeit und Vasentauglichkeit angenehm auffällt. Die rosafarbenen Romantikblüten sind stark gefüllt.

◀ **'New Dawn'** ist eine der besten, da unkompliziertesten Kletterrosen. Den Klassiker zieren zahlreiche edelrosengleiche perlmuttfarbene Blüten, zu denen das wintergrüne, enorm robuste dunkelgrüne Laub einen schönen Kontrast bildet.

▼ **'Rosarium Uetersen'** bestricht mit romantischer Ausstrahlung. Die stark gefüllten rosafarbenen Blüten sitzen dicht an dicht. Die Kletterrose überzeugt auch als Strauch- oder Kaskadenrose.

▼ **'Santana'** ist die zur Zeit wohl interessanteste rote Kletterrose. Wer Wände und Rosenbögen in ein leuchtendes Blutrot tauchen will, liegt mit dieser kerngesunden Rankrose aus der Züchterwerkstatt Tantau richtig.

Expertentipps

1 Triebe waagerecht führen

Oft sieht man alte Kletterrosenpflanzen, die nur in der obersten Etage auf mehreren Meter Höhe blühen. Ohne waagerechte Führung wachsen Rosentriebe steil aufwärts. Sie streben dem Licht entgegen und bilden auf dem Weg nach oben nur wenige seitliche Blütentriebe aus. Führen Sie deshalb Kletterrosentriebe möglichst von Anfang an waagerecht. Durch das horizontale Binden der Triebe entsteht ein Saftstau, der blütenreiche Seitentriebe erzwingt – ähnlich wie bei Obstbäumen. Pflanzen Sie Kletterrosen an der Hauswand deshalb auch unter die Fensterrahmen und nicht dazwischen. So zwingen sie die noch biegsamen Jungtriebe bereits in Basisnähe zur Schräglage und in der Folge zur Blüte. Hochbeinige Methusaleme lassen sich später kaum noch korrigieren.

2

2 Kletterrosen brauchen eine Stütze

Kletterrosen können nicht selbstständig klettern. Dazu fehlen ihnen die entsprechenden Organe wie Haftwurzeln oder rankende Triebe, wie sie etwa Kletter-Hortensien oder Clematis aufweisen. Die kletternden Rosen brauchen für ihren Aufstieg Halt und Stütze. Geeignete Kletterkonstrukte müssen stabil sein. Unterschätzen Sie nicht die Gewichte von mit Schnee oder Regenwasser beladenen Rosentrieben. Verankern Sie geeignete Spaliere mit einem Mindestabstand von 8 cm zur Wand, damit zwischen Mauer und Laubmantel Raum für einen ausreichenden Luftaustausch bleibt. Diese Belüftung beugt dem Befall durch Mehltau und Spinnmilben vor. Und wählen Sie ausreichend große Spaliere, denn eine spätere Erweiterung ist meist schwierig.

3 Geschwungene Triebführung

Dieser Tipp bezieht sich ebenfalls auf die Erhöhung der Blütendichte Ihrer Kletterrosen im unteren Pflanzenbereich. Das waagerechte Führen der Triebe ist aus Platzgründen nicht immer möglich. Zum Beispiel lassen sich die Triebe an Pergolen und Rosenbögen nur beschränkt in eine Schräglage bringen. Biegen Sie dort die jungen Kletterrosentriebe bauchförmig nach außen 3a. An der Biegung entsteht wiederum ein Saftstau, der zur Bildung blütenreicher Seitentriebe in Erdnähe führt. Bei Pyramiden und Obelisken wickeln Sie die langen Kletterrosentriebe möglichst schräg – wie einen Schlauch – um die Spaliergerüste 3b.

4 Gesunde Kletterrosen

Kletterrosen sind Sonnenkinder. Dennoch versagen viele Sorten an exponierten, sehr stark

der Sonne ausgesetzten Südseiten, weil die Sonnenstrahlen von Haus- und Mauerwänden auch auf die empfindlichen Blattunterseiten reflektiert werden. Dadurch kann es zu Blattverbrennungen und starkem Spinnmilbenbefall kommen. Überstehende Vordächer, die Regenwasser abhalten und Bodentrockenheit begünstigen, verschärfen die Situation zusätzlich. Optimal sind deshalb Kletterrosenstandorte, die nach Südosten oder Südwesten ausgerichtet sind. Wer dennoch Problemlagen rosengerecht gestalten will, sollte als kühlenden Hintergrund einen großblättrigen Efeu *(Hedera hibernica)* pflanzen, der Hitzemauern abdeckt.

5 Blütenfarben abstimmen

Kletterrosen bieten mit ihren vielen Sorten eine breite Farbpalette. Es fehlt einzig Blau, das aber durch die Blütenpracht anderer Kletterpflanzen wie Clematis und Blauregen leicht ergänzt werden kann. Der Aufbau einer Kletterrosenwand bedarf einiger Jahre. Umso ärgerlicher ist es, dann feststellen zu müssen, dass die Außenwirkung der Kletterrose durch eine nicht kontrastreich und harmonisch auf die Wandfarbe abgestimmte Blütenfarbe eingeschränkt ist. So können sich rote Blüten vor Klinkersteinen oder Holz 5 nicht wirkungsvoll in Szene setzen. Und weiße oder gelbe Blüten verlieren vor hellem Putz doch einiges an Ausstrahlung.

Rambler

Rambler – die Lianen unter den Rosen

Mit ihren langen, weichen und dünnen Trieben schwingen sich Ramblerrosen wie Lianen in alte Bäume und verhelfen ihnen zu einer zweiten und – wenn es sich um eine der wenigen öfterblühenden Sorten handelt – gar dritten Blüte innerhalb eines Gartenjahres. Die Ramblerblüte setzt bereits im Juni ein, da sie sich aus dem alten Holz der Pflanzen entwickelt. Die meisten Ramblerrosen blühen nur einmal, dafür aber wochenlang. Erst im Juli verblasst ihre Blütenpracht. Ein einmalig schöner Anblick, der die Mühe lohnt.

► **'Albéric Barbier'** weiß luftige Standorte zu schätzen, die den Befallsdruck durch Mehltau mindern. Der wuchsstarke Rambler verhilft Pergolen oder lichten Bäumen zu einem cremeweißen, dicht gefüllten Blütenmantel.

Außergewöhnlich ist auch die Wuchskraft der Ramblersorten. Die meisten Sorten wachsen extrem stark und erreichen spielend Höhen von über 5 m. Behilflich beim Aufstieg sind ihnen ihre gebogenen Stacheln, die sich im Astgewirr ihrer Stützpflanzen verfangen. Ramblerrosen begrünen aber auch hohe Wände und Mauern – das Märchen von Dornröschen lässt grüßen.
Erstaunlich ist das schnelle Wachstum der Rambler. Auch junge Pflanzen schaffen in einem Jahr schon mehrere Meter Trieblänge. Deshalb sollten Bäume, die die Blütenlast schultern müssen, auch entsprechend gesund und stabil sein.

▲ **'Bobby James'** überzeugt als Kletterspezialist mit Blütenduft. Der Rambler umschlingt mit Vorliebe alte Bäume und ganze Häuser. Die cremig weißen Blütendolden entfalten sich auch in halbschattigen Lagen. Die Sorte erreicht spielend Höhen von sechs und mehr Metern.

▼ **'Kiftsgate'** ist ein sehr reich blühender und wuchsfreudiger Rambler. Mit ihren rahmweißen Blüten liebt es diese Rosenliane in große und alte Baumkronen aufzusteigen. Dabei kann sie Höhen bis 10 m erreichen.

◄ **'Lykkefund'** trägt einfache bis leicht gefüllte rahmweiße Blüten (rechts). Die langen Peitschentriebe sind stachellos und damit für »Kindergärten« prädestiniert. 'Lykkefund' erreicht Höhen zwischen 5 und 7 m.

► **'Paul Noel'** blüht apricot-rosa. Die Einzelblüten sind gefüllt, relativ groß und duften. Der Rambler blüht nach der Hauptblüte etwas nach. Achten Sie auf einen windumspielten Standort, der die Mehltauanfälligkeit in Grenzen hält.

► ► **'Paul's Himalayan Musk Rambler'** fällt durch seine violett-rosafarbenen Blüten auf, die klein und rosettenförmig gefüllt sind. Der Megawachser erreicht Höhen von 8 m und mehr und gedeiht auch in halbschattigen Lagen.

◄ **'Super Dorothy'** ist öfterblühend und daher eine wuchszahmere Vertreterin der Ramblerrosen. Erst nach Jahren erreicht sie Höhen von 4–5 m. Die rosafarbene robuste Sorte ist auch als Flächenrose gefragt.

▼ **'Venusta Pendula'** ist ein Wuchsriese. Sie blüht einmal überreich, gilt als außergewöhnlich frosthart und erträgt auch Halbschatten. Die Blüten sind rosaweiß und halbgefüllt.

▼ **'Veilchenblau'** schwingt sich mit ihren schwach bestachelten Trieben und den kleinen, locker gefüllten, violettfarbenen Blüten souverän in alte Baumkronen und auf mächtige Pergolen. Die einmalblühende Sorte ist mehltausensibel.

Expertentipps

1 Rambler für die zweite Baumblüte

Rambler lassen sich in allen Regionen problemlos als »Baumrosen« einsetzen. Am besten führen Sie die langen, lianenartigen Triebe in alte Baumkronen oder große Kiefern und Lärchen. Auch große Sträucher wie der Goldregen sind geeignet. Wichtig ist eine ausreichende Tragfähigkeit der vorgesehenen Stützbäume. Pflanzen Sie die Rambler mit etwa 1 m Abstand zum Kletterbaum. Das Pflanzloch sollte mindestens 50 x 50 cm messen. Füllen Sie die Pflanzgrube mit frischer Pflanzerde auf, damit die Megawachser gute Startbedingungen haben. Eine alte Holzleiter erleichtert den Trieben den Aufstieg. Graben Sie die Leiterenden tief in den Boden ein und befestigen Sie das obere Leiterende am Baumstamm.

2 Rambler & Clematis

Die Königin der Blumen und die Königin der Kletterpflanzen bilden ein attraktives Paar, das immer mehr Freunde findet. Beide wachsen gerne in alte Bäume hinein. Die Ramblerrosen sollten allerdings einen Entwicklungsvorsprung von mindestens drei Jahren haben. Besonders robust sind Clematis-Wildarten, die gut zu wuchsstarken Ramblerrosen passen. *Clematis viticella* und ihre Sorten weisen zwar etwas kleinere Blüten auf als die großblumigen Clematis-Sorten, dafür überzeugt die Wildart durch Bodentoleranz und Robustheit. Die gefürchtete Clematiswelke geht an ihr schadlos vorüber. Eine Spitzensorte ist 'Etoile Violette', die dunkel-violett blüht. Ungewöhnlich sind die Blüten von 'Alba Luxurians': Die Blütenblätter tragen silbrig weiße und grüne Flecken. Als eine weitere Standardsorte empfiehlt sich 'Mme Julie Correvon' mit ihren kirschroten Blüten.

3 Windschutz mit Ramblerrosen

Zunehmend entdecken Gartenfreunde die Vorzüge von frei wachsenden Rosenhecken. Der Nachteil aller Rosenwälle ist ihr großer Platzbedarf. Ein ausreichend dimensionierter Pflanzstreifen für eine mannshohe Rosenhecke misst etwa 2 m in der Tiefe. Eine Alternative bietet die Pflanzung einer schmalen Hecke aus Ramblerrosen entlang einem Maschendrahtzaun. Führen Sie die Triebe dabei möglichst horizontal entlang dem Zaungeflecht. Die Hecke wird – wie andere Formhecken auch – mit der Schere oder einem Mähbalken in die gewünschte Form gebracht. So entsteht im Laufe der Jahre eine ungewöhnliche Rosenhecke mit imposanter Juniblüte.

4 Ramblertriebe als Blütengirlanden

Welche gestalterischen Möglichkeiten in Ramblerrosen stecken, zeigen einfallsreiche Gartenfreunde in England, dem Gartenland schlechthin. Dort sieht man in Gärten und Parkanlagen häufig Ramblerlianen, die an dicken, in Kopfhöhe locker zwischen Pfosten gespannten Tauen wie Rosengirlanden gezogen werden. Damit lassen sich mit vertretbarem Aufwand Gartenräume schaffen und strukturieren. Eine Ramblerrose genügt, um von einem Pfosten aus in jeder Richtung 4–5 m der Girlande zu stellen. Wichtig ist in unseren Breiten die Wahl frostharter Ramblersorten, etwa 'Venusta Pendula'. Natürlich können Sie die Blütengirlanden auch an Metallstäben, etwa von Laubenkonstruktionen, entlang führen. Wichtig sind stabile Traggerüste von Anfang an. Eine Nachrüstung ist kaum möglich, ohne die Pflanzen zu beschädigen.

5 Der Mix macht's

Öfterblühende Kletterrosen und wuchsstarke Rambler sind im Garten ideale Pflanzenpartner und sollten, wo immer möglich, zusammen verwendet werden. Durch ihre unterschiedliche Blührhythmik ergänzen sich die beiden Kletterpflanzen ideal. Die einmalblühenden Ramblersorten eröffnen den Blütenreigen. Dann folgen die öfterblühenden Kletterrosen, die im Herbst noch einmal nachblühen. Dazwischen können natürlich noch Clematis als Füller für Blühpausen eingestreut werden. So entsteht ein über Monate blütenreiches Gartenbild, das auch in kleineren Gärten umsetzbar ist.

Strauchrosen

Strauchrosen – brillante Solitäre

Strauchrosen sind Ziersträucher, die zwischen 150 und 300 cm hoch werden. Öfterblühende Sorten zeigen vom Juni bis zum Herbst Blütenfarbe. Die Blütenformen reichen von einfach bis edelrosengleich. Ihre Wuchskraft macht Strauchrosen zu einer sehr robusten Rosengruppe, die auf rosengerechten Standorten ohne chemische Pflanzenschutzmittel auskommt. Auch viele Englische, Alte und romantische Nostalgierosen zählen zu den Strauchrosen.
Gönnen Sie Strauchrosen einen ausreichend dimensionierten Standort von mindestens vier Quadratmetern. Die rosigen Solitäre entfalten freistehend und ungeschnitten ihre Zierwirkung am besten. Dazu passen hoch wachsende Stauden, Gräser und Nadelgehölze. In größeren Gärten können auch Gruppenpflanzungen attraktiv sein. Interessant sind Strauchrosen auch für frei wachsende Blütenhecken.

► **'Angela'** wächst für eine Strauchrose ungewöhnlich kompakt. Damit ist die ADR-Rose auch für kleinere Gärten mit limitiertem Raumangebot geeignet. Auffallend sind ihre locker gefüllten Schalenblüten in Dunkelrosa.

▲ **'Centenaire de Lourdes'** ist eine robuste, absolut problemlose Strauchrose, die auch auf weniger optimalen Standorten gedeiht. Der multifunktionale Gartensolitär lässt sich herrlich mit Stauden zusammenpflanzen. Auch als Solitär auf einer Rasenfläche stehend überzeugt die blattrobuste Sorte.

▲ **'Freisinger Morgenröte'** fällt durch ihre ungewöhnliche Blütenfarbe auf: Die rosa-orangefarbenen Blütenblätter sind gelb grundiert. Mit ihrer üppigen Blütenfülle passt die Strauchrose auch in frei wachsende Hecken.

► **'IGA '83 München'** weist eine kaum zu übertreffende Widerstandskraft gegenüber lästigen Blattpilzen auf. Die ADR-Sorte wächst wie eine große Beetrose, die sich sehr einfach mit Stauden und Gehölzen kombinieren lässt.

► **'Lichtkönigin Lucia'** ist die bewährteste gelbe Strauchrose. Ein robuster, sehr frostharter, unermüdlich blühender Klassiker, der einen runden, dicht belaubten und formschönen Busch bildet. Auch als Kübelrose eine Empfehlung.

◄ **'Mein schöner Garten'** strotzt mit seinen lachsrosafarbenen Blüten vor Robustheit. Als gesunde Gartenrose macht sie viel Spaß und wenig Arbeit: Auf einem rosengerechten Standort kommt sie ohne Chemiekeule aus.

► **'Rokoko'** ist eine traumhafte Märchenrose mit großen Blütenbällen, die sich aus vielen leicht gewellten Blütenblättern zusammensetzen. Den ganzen Sommer über erscheinen immer wieder neue warmgelbe Blüten, denen ein feiner Wildrosenduft entströmt.

◄ **'Romanze'** zieht mit pinkfarbenen, edelrosenartigen Blüten die Blicke auf sich. Der buschig wachsende, auffallend wuchsschöne Strauch eignet sich sowohl für den Einzelstand als auch für frei wachsende Blütenhecken. Für derartige Heckenwälle müssen Sie allerdings eine Tiefe von mindestens zwei Metern einkalkulieren.

◄ **'Schneewittchen'** gilt bereits seit Jahrzehnten als gute weiße Strauchrose. Sie blüht sommerlang ohne Unterlass und entwickelt über die Jahre einen attraktiven, selbsttragenden Strauch. Eine ideale Einsteigersorte.

► **'Westerland'** ist aufgrund ihres Duftes und der einzigartigen Kupfertönung ihrer Blüten ein Meilenstein in der Strauchrosenzüchtung. Die unverwechselbare Sorte entwickelt einen kompakt geschlossenen, stabilen Strauch. Das Ziergehölz wird etwa mannshoch und wirkt auch in entlegenen Gartenwinkeln.

Expertentipps

1 In kleinen Tuffs pflanzen

Öfterblühende Strauchrosen sind die blühwilligsten Ziersträucher unserer Gärten. Klassesorten wie 'Westerland' und 'Mein schöner Garten' sind absolut anfängergerechte Rosen, die Sie nicht einmal schneiden müssen. Im Gegenteil: Ungeschnittene, frei stehende Strauchrosen faszinieren mit einem eleganten Wuchshabitus. Diesen Effekt können Sie noch steigern, indem Sie zwei oder drei Rosenstöcke sehr eng in einer großen Pflanzgrube zusammenpflanzen. Diese Tuffs suggerieren bereits nach wenigen Jahren den imposanten Solitärcharakter eines einzigen mächtigen Altstrauches.

2 Kombinationen mit anderen Ziersträuchern

Von allen Rosengruppen lassen sich Strauchrosen am besten mit anderen Ziersträuchern kombinieren. Ein besonderer Gartengenuss ist die Mischung verschiedener Blütenfarben und Blühzeiten, die rund um den Gartensommer für spektakuläre Kontraste sorgt. Gehölze wie Zierquitte *(Chaenomeles)*, Maiblumenstrauch *(Deutzia gracilis)*, Blauraute *(Perovskia abrotanoides)*, Fingerstrauch *(Potentilla fruticosa*-Sorten), Spiere *(Spiraea*-Sorten) und Herbst-Flieder *(Syringa microphylla* 'Superba') sind ideale Rosenpartner. Auch sie lieben die Sonne und ergänzen die Blüte der Strauchrosen perfekt. Alle genannten Pflanzen sind auch für kleinere Gärten geeignet. Sollten Sie Ihnen dennoch zu groß werden, können Sie sie immer wieder radikal verjüngen.

3 Strauchrosen und hohe Prachtstauden

Sonnenliebende Stauden gelten als ideale Rosenpartner. Zu den klassischen Rosenbegleitern zählen Rittersporne. Leuchtend blau umrahmen sie Strauchrosen. Ein Rückschnitt fördert die Nachblüte der imposanten Lanzenträger. Hohe Glockenblumen *(Campanula)* bringen jeden Rosengarten zum Klingen und eignen sich zudem für den Vasenschnitt. Schafgarben sind Prachtstauden in Gelb, Weiß oder Rot, die sich ausgezeichnet mit Strauchrosen vertragen. Sollten sich Stauden und Strauchrosen ins Gehege kommen, sorgen Schere und Spaten für Ordnung. Staudensolitäre und Strauchrosen haben im Frühjahr einen hohen Nährstoffbedarf, dem Sie mit einer ausreichenden Düngergabe entsprechen sollten.

3

4 Blütenhecken

Strauchrosen eignen sich hervorragend für frei wachsende Blütenhecken. Sie sind außergewöhnlich robust und wuchsvital. Viele Strauchrosen spenden reichlich Pollen- und Hagebutten und gelten als ökologisch besonders wertvolle Heckenpflanzen. Für rosige Blütenwälle mit praller Blütenpracht sind nicht nur die klassischen Zierstrauchrosen gefragt. Auch viele Alte und Englische Rosen erschließen als Heckenpartner neue Verwendungsdimensionen. Achten Sie auf einen ausreichend großen Pflanzstreifen, der mindestens 2 m tief sein sollte. Lichten Sie Ihre Rosenhecke normalerweise nur aus. Eine radikale Verjüngung ist – falls nötig – im mehrjährigen Turnus im Frühjahr möglich.

5 Wild- und Parkrosen

Zur Gruppe der Strauchrosen zählen auch Wild- und Parkrosen. Mitglieder dieser Familie sind einmalblühend und in der Regel sehr wuchsstark. Vor allem Parkrosen können durchaus 4 m in Höhe und Breite messen. Deswegen konzentriert sich ihre Verwendung auch auf öffentliche Bereiche, wie der Begriff Parkrose bereits andeutet. Wildrosen sind die schönen Wilden unter den Rosen. Heimische Wildrosenarten bieten in der freien Natur Vögeln Schutz und mit ihren Hagebutten, den Früchten der Rose, Nahrung 5b. Die bekannteste heimische Rose ist *Rosa canina*, die Hundsrose 5a. Ein uralter *R. canina*-Abkömmling ziert seit vielen Jahrhunderten als »Tausendjährige Rose« den Hildesheimer Dom.

5a

5b

Flächenrosen

Flächenrosen – horizontale Flächenfärber

Rosensorten, die unter den Begriff »Flächenrosen« fallen, werden häufig auch als Bodendeckerrosen angeboten. Leider ist der Begriff »Bodendecker« nicht sehr glücklich gewählt, denn er wird den vielen Wuchsformen der Flächenrosen nicht gerecht. Die wenigsten Flächenrosen wachsen flach bodendeckend. Vielmehr decken sie mit ihrem kleinstrauchartigen Wuchs und ihren langen Blütententakeln offene Flächen spätestens nach drei Jahren dicht ab.
Neben einer Pflanzung in Gruppen bietet sich für Flächenrosen auch eine Verwendung als niedrig bleibende Solitäre an. Für kleinere Gärten sind sie eine hervorragende Alternative zu den stärker wachsenden Strauchrosen. Die vielen ADR-Sorten unter den Flächenrosen unterstreichen ihre Robustheit und hohe Widerstandsfähigkeit.

▲ **'Alba Meidiland'** ist eine 'The Fairy'-Rose (siehe S. 103 unten rechts) in Weiß: Die kleinen, dicht gefüllten und zahlreichen Blüten summieren sich zu großen Blütenwällen, die sich besonders wirkungsvoll auf Hanglagen in voller Sonne räkeln.

► **'Aspirin-Rose'**, eine sehr robuste, absolut unkomplizierte ADR-Rose, knüpft von Juni bis in den Spätherbst hinein einen dichten Blütenteppich. Dank weißer Blütenfarbe und kleinem Laub sehr hitzetolerant.

► **'Celina'** widerlegt die Behauptung, gelb blühende Flächenrosen seien nicht besonders widerstandsfähig. Diese ADR-Rose ist sehr regenfest, passt in Kübel und Tröge und eignet sich für Schrebergärten und Hanglagen. Bis die Fläche dicht ist, vergehen etwa drei Jahre.

▼ **'Gärtnerfreude'** ist eine ADR-Rose mit großer Zukunft. Dank ihrer unglaublichen Blühwilligkeit eignet sie sich als Flächendecker genauso wie als Krone für robuste Stammrosen. Die sehr resistente Sorte ist regenfest und absolut frosthart.

► **'Heidetraum'** heißt die pinkfarbene Muttersorte einer neuen Generation besonders robuster und pflegeleichter ADR-Rosen. Die Blüte beginnt spät, sie hält dann aber ohne Unterlass bis in die Frostperiode hinein an.

▲ **'Loredo'** ist eine neue »Lazy-Sorte«, die die für Rosen knifflige gelbe Blütenfarbe mit der Blatthärte einer ADR-Rose vereint. Die Sorte ist sehr regenfest, verträgt Halbschatten und ist auch für Kübel gut geeignet.

◄ **'Mirato'** ist sicher eine der interessantesten »Bodendeckerrosen« mit ADR-Prädikat, öfterblühend und kerngesund. Auch als Kübelrose eine unkomplizierte Augenweide, die praktisch keine Arbeit macht.

◄ **'Red Yesterday'** gilt als vielfältig einsetzbare Flächenrose mit ADR-Auszeichnung. Die weinrote Einzelblüte ziert ein weißes Auge. Die Rose kommt in niedrigen Hecken, auf gemischten Rosen-/Staudenrabatten und als dichter Blütenteppich zum Einsatz.

▼ **'The Fairy'** ist die beste Flächenrose für alle Einsteiger. Ihre unzähligen dicht gefüllten, rosafarbenen Blüten decken in großen Blütentrauben den Boden ab. Auch für halbschattige Lagen geeignet.

◄ **'Sommerabend'** ist die zur Zeit beste rot blühende Flächenrose. Dank ihres kleinen Laubes ist diese ADR-Rose sehr hitzetolerant. Die roten Blütenschalen verlieren selbst bei intensiver Sonneneinstrahlung nichts von ihrer Leuchtkraft.

Expertentipps

1 Flächenrosen als Mini-Kletterrosen

Die Rosenkultur in schönen Töpfen und Gefäßen findet bei Balkon- und Terrassenbesitzern immer mehr Liebhaber. Dies ist auch mit fast allen Rosengruppen möglich. Nur die starkwachsenden Kletterrosen kommen dafür wegen des begrenzten Kübelvolumens kaum in Frage. Aus diesem Grund bieten pfiffige Gärtnereien Flächenrosen als Mini-Kletterrosen an. Aufgrund ihres gezügelten Wachstums eignen sie sich sehr gut für eine Kultur in Gefäßen. Sorten wie 'Sommerabend' oder 'Alba Meidiland' entwickeln lange Triebe und lassen sich hervorragend als »kleine Kletterrosen« in Kübeln ziehen. Führen Sie die Triebe einfach an etwa 1 m hohen Spalieren entlang und fixieren Sie sie mit Bast oder Schnur.

2 Wurzelechte Flächenrosen

Wenn Sie Flächenrosen für die Begrünung größerer Flächen einsetzen möchten, sollten Sie beim Einkauf unbedingt auf wurzelechter Pflanzware bestehen. Wurzelechte Flächenrosen werden in den Baumschulen durch Stecklinge vermehrt und mit einem kleinen Wurzelballen in Töpfen angeboten. Wurzelechte Pflanzware kommt dank ihrer Wuchsvitalität ohne Veredlungsunterlage aus, die sonst bei allen Gartenrosen als Wachstumsmotor notwendig ist. Dadurch sind lästige Wildtriebe ausgeschlossen. Die Pflegeleichtigkeit wurzelechter Flächenrosen wird auch beim Rückschnitt deutlich. Sie können Flächenrosen bedenkenlos mit der Heckenschere oder dem Mähbalken auf etwa 30 cm Höhe verjüngen.

3 Lebendmulch Flächenrose

Dank ihrer Laubrobustheit können Flächenrosen in großen Stückzahlen gepflanzt werden. Ihre Laub- und Blütenmatten dienen dann als eine Art Lebendmulch, der das Bodenleben vor direkter Sonnenstrahlung schützt und entsprechend vorbereitete Flächen unkrautfrei hält. Ein wichtiges Argument für alle Gartenfreunde, die lieber entspannen, als sich im Rosenbeet mit Jätarbeiten abzumühen. Um Monokulturen zu vermeiden, sollte die Sortenauswahl aber nicht zu einseitig sein. Geben Sie einem bunten Blütenteppich den Vorrang, der mit unterschiedlichen Farben und Blütenformen arbeitet. Dazu passen auch bodendeckend wachsende Stauden, die Artenreichtum in den Garten bringen.

3

4 Flächenrosen als Schnittblumen

Die meisten Vasenrosen stammen aus der Klasse der so genannten Edelrosen. Mit ihren langen Stielen, auf denen jeweils eine elegante Rosenblüte thront, sind sie für einen Vasenschnitt prädestiniert. Daneben bilden aber die so genannten Sprayrosen eine durchaus interessante Floristikalternative. Hierbei handelt es sich um Sorten mit zahlreichen Büschelblüten pro Stiel. Auch Flächenrosen wie 'Alba Meidiland' und 'The Fairy' zählen zu den Sprayrosen und bieten mit ihrer Blütenfülle echtes Vasenpotenzial. Die dichten Blütenstände bewirken, dass aus nur drei bis vier Blütentrieben ein üppiger Strauß entsteht.

5 ADR-Abräumer Flächenrose

Die Allgemeine Deutsche Rosenneuheitenprüfung gilt als die härteste Rosenprüfung der Welt. Im Verlauf dieses Rosen-TÜV müssen sich neue Rosensorten – ohne chemische Pflanzenschutzmittel – mehrere Jahre gegenüber den Unbilden der Natur behaupten. Geprüft wird die Widerstandsfähigkeit der Rosenneuheiten in Deutschland zurzeit an elf Standorten. Das ADR-Prädikat ist eine wichtige Orientierungshilfe, um die robustesten Sorten für den eigenen Garten zu finden. Flächenrosen waren in den letzten Jahren die »ADR-Abräumer«: keine andere Rosengruppe hat mehr Auszeichnungen erhalten. Dabei dominierten vor allem rosafarben und weiß blühende Flächensorten.

4

Beetrosen

Beetrosen – edle Nonstop-Blüher für Beet und Rabatte

Beetrosen sind öfterblühende kleine Rosensträucher. Ihre zahlreichen Blütenbüschel, die an verzweigten Trieben sitzen, sorgen den ganzen Sommer über für eine unglaubliche Blütenfülle auf kleinstem Raum. Hinzu kommt ein enorm vielfältiges Spektrum an Blütenformen: Der Ideenreichtum der Natur reicht von einfachen, ungefüllten Varianten bis hin zu stark gefüllten, edelrosenähnlichen Gebilden. Die Wuchshöhen der kompakten Kleinsträucher liegen zwischen 40 und 100 cm. Dank ihres dichtbuschigen Wuchses eignen sich Beetrosen hervorragend für kompakt-niedrige Blütenrabatten. Besonders empfehlenswert ist es, ein Beetrosenbeet mit Stauden und Sommerblumen zwischenzupflanzen. Eine solche Artenvielfalt bricht Monokulturen auf und lockt viele Nützlinge, die lästige Schädlinge von den Beetrosen fern halten.

▼ **'Amber Queen'** wächst aufrecht buschig und wird etwa 40 cm hoch. Die prämierte Sorte gefällt durch ihr robustes Laub und die sich rundlich öffnenden amber- bis orangefarbenen Blüten. Der Duft ist leicht süßlich.

▲ **'Aprikola'** wird etwa 70 cm hoch und wächst breitbuschig. Die neue Beetrose mit ADR-Siegel überzeugt im Garten und im Kübel. Die Neueinführung des Züchters Kordes zählt zu den so genannten »Rigo-Rosen«. In dieser Gruppe fasst die Firma Kordes nur ihre ausgesprochen robusten Sorten zusammen.

◄ **'Bad Birnbach'** zählt ebenfalls zu den Zukunftssorten aus dem Hause Kordes. Die lachrosafarbenen Blüten sitzen dicht an dicht. Die sehr robuste ADR-Rose passt auch in kleine Gärten. Ebenfalls eine »Rigo-Rose«, die sich hervorragend mit niedrigen Stauden kombinieren lässt.

► **'Bonica '82'** ist ein rosafarben blühender Klassiker unter den Beetrosen, der zudem durch seine ausgeprägte Winterhärte besticht. Die Sorte lässt sich als Flächendecker, Schnittrose, Kübelpflanze und Stammrose einsetzen. In sonnenreichen Regionen blüht die Sorte fast weiß. Ohne Sommerschnitt setzt sie sehr viele Hagebutten an.

◄ **'Duftwolke'** gilt als Duftklassiker mit orangeroter Blütenfarbe, der allerdings unter ungünstigen Bedingungen von Mehltau und Sternrußtau heimgesucht werden kann. Deshalb unbedingt auf einen rosengerechten Standort achten.

◄ **'Friesia'** zählt zu den beliebtesten gelben Beetrosen. Ihre Vorzüge sind Robustheit, niedriger Wuchs, Öfterblütigkeit und Duft. Eine beliebte Zutat für gelbe Blütengärten und die ideale Kombirose für Staudenarrangements. Wichtig für den Glanzerfolg ist ein sonniger Standort.

► **'MaxiVita'** ist eine neue ADR-Rose mit maximaler Robustheit und bester Vitalität. Aus dunkelroten Knospen entwickeln sich orange-rosafarbene Blütenblätter, die zum Blütenboden hin gelb-orange gefärbt sind. Auch als Stammrose in den Höhen 60 und 90 cm macht sich die blattrobuste Sorte sehr gut.

◄ **'Montana'** gilt als multifunktionelle, pflegeleichte Beetrose, deren von weitem leuchtende scharlachrote Blütendolden für eine unglaubliche Fernwirkung sorgen. Das Laub ist robust und widerstandsfähig. Überlange Triebe können Sie Ende Mai einkürzen, damit die Pflanzen noch buschiger und kompakter wachsen.

◄ **'Rhapsody in Blue'** kommt dem Mythos der Blauen Rose sehr nahe. Die purpurvioletten, halbgefüllten Blüten thronen zahlreich auf einer betont aufrecht wachsenden Pflanze, die etwa 1 m hoch wird. Das Laub dieser Neuheit ist sehr robust. Deshalb sind auch Gruppenanpflanzungen kein Problem.

◄ **'Schneeflocke'** blüht weiß und so zahlreich, dass ihre Blüten den gesamten Strauch mit einem Blütenschleier bedecken. Diese ADR-Rose deckt Flächen ab dem dritten Standjahr dicht ab.

► **'The Queen Elizabeth Rose'** gilt wegen ihres großen, gesunden Laubes als unverwüstlich. Die Beetrose wächst fast wie eine Strauchrose und ist als Hintergrundpflanze gut einsetzbar. Davor passen halbhohe Prachtstauden, etwa Astern oder Lavendel.

Expertentipps

1 Robuste Sortenauswahl

Nomen est omen: Beetrosen pflanzt man in Beeten. Je mehr Pflanzen jedoch auf engem Raum zusammenstehen, desto sorgfältiger muss die Sortenauswahl getroffen werden. Nur die robustesten Beetrosen sollten Sie flächig pflanzen. Allgemein sind duftende Rosensorten empfindlicher als ihre parfümlosen Kollegen. Dies gilt auch für duftende Beetrosen wie 'Duftwolke' und 'Friesia'. Durch geeignete Pflegemaßnahmen können Sie jedoch die Widerstandskraft des Laubes kräftigen. Wässern Sie Beetrosen niemals über das Laub. Sammeln Sie mit Sternrußtausporen befallenes Rosenlaub aus den Beeten und entsorgen Sie befallenes Laub über den Hausmüll.

2

2 Beetrosen und Stauden

Beetrosen und sonnenliebende Stauden gelten als Dreamteam für Garten und Terrasse. Gut geeignet sind niedrige Stauden wie Frauenmantel *(Alchemilla mollis)*, Katzenminze *(Nepeta)*, Glockenblumen *(Campanula)* und Lavendel *(Lavendula)*, die neben Beetrosen für einen bunten Farbmix sorgen. Höhere Stauden wie Rittersporne platzieren Sie hinter den Beetrosen, wo sie mit ihren imposanten Blütenlanzen emporragen. Rosen und Stauden folgen unterschiedlichen Lebensrhythmen und sollten daher nebeneinander, nicht miteinander vermischt gepflanzt werden. Eine gewisse Trennung ist auch deshalb notwendig, damit Sie den unterschiedlichen Nährstoffbedürfnissen der beiden Gruppen entsprechen können. Zudem bleibt dann das Rosenlaub von den krautigen Begleitern unbedrängt und kann nach einem Regenfall rasch abtrocknen.

3 Beetrosen und Sommerblumen

Je kleiner die grüne Oase, desto größer ist der Wunsch nach einem regelmäßigen »Tapetenwechsel« im Garten, auf der Terrasse oder dem Balkon. Mit Sommerblumen lassen sich die Blühpausen der Beetrosen vorzüglich überbrücken. Ihre Vielfalt an Sorten und Farben macht sie zum idealen Gestaltungswerkstoff für alle kreativen und experimentierfreudigen Rosenfreunde. In Frage kommen beispielsweise Löwenmäulchen, Schmuckkörbchen, Mittagsgold, Jungfer im Grünen und Verbenien. Sie stopfen auch »Löcher« in den Rosenbeeten farbenfroh, wenn es einmal vorkommt, dass ein Rosenstock eingeht und eine direkte Nachpflanzung wegen des Phänomens der Bodenmüdigkeit nicht erfolgversprechend scheint.

4 **Beetrosen für Kübel**

Beetrosen eignen sich aufgrund ihres kompakten Wuchses hervorragend für Kübel. Auch als Rosenstämmchen sind Beetrosen eine Terrassenempfehlung. Dank ihrer dichten Kronen machen sie sich am besten auf Halbstämmen mit einer Stammhöhe von 60 cm. Gepflanzt in einen großen Kübel, bringen sie die Rosenpracht auf Augenhöhe. Für eine dauerhafte Kübelkultur sollten Sie grundsätzlich ausreichend große Gefäße wählen. Auch Beetrosen sind veredelte Gartenrosen, die auf großem Fuß – sprich einer mächtigen Veredlungsunterlage – leben, deren Wurzelstock sparrig und raumgreifend daherkommt. Zudem sind Beetrosen wie alle Rosen Tiefwurzler, die ihre Wurzeln in tiefere Kübelschichten absenken möchten.

3

5 **Beetrosen für niedrige Hecken**

Frei wachsende Hecken aus Strauchrosen sind eine ökologisch wertvolle Bereicherung jeder Gartenanlage. Leider ist ihr Platzbedarf enorm. Für kleinere Gärten stellen niedrige Hecken aus Beetrosen eine Alternative dar. Natürlich können niedrige Hecken nicht die gleiche Sichtschutzwirkung bieten wie die mächtigen Rosenwälle der Strauchrosen. Aber als Strukturbildner und Beeteinfassung sind sie eine farbenfrohe Zutat. Und dank ihrer dichten Laubstellung decken sie zudem den Boden dicht und Unkraut unterdrückend ab.

4

5

Zwergrosen

Zwergrosen – kleine Rosen mit großer Ausstrahlung

Die Zwerge unter den Rosen werden zwischen 15 und 40 cm hoch. Ihr Laub ist zierlicher und gilt als anfälliger für Pilzkrankheiten als das ihrer starkwüchsigen Kollegen. Es leuchtet ein, dass »muskelbepackte« Strauch- und Kletterrosen aufgrund ihrer Vitalität und Wuchskraft Krankheiten und Schädlingen mehr Widerstand entgegensetzen können.
Zwergrosen wachsen nur schwach und brauchen besondere Pflege. Achten Sie unbedingt auf einen sonnigen, das Rosenwachstum fördernden Standort. Vor allem muss das Laub der rosigen Däumlinge rasch abtrocknen können, damit sich kein Sternrußtau ausbreiten kann. Zwergrosen sind als Kübelrosen ideal geeignet und schmücken in Gefäßen aller Art. Selbst in breite Balkonkästen passen die dekorativen Rosenzwerge.

'Amulett' begeistert mit Pompom-Dahlien ähnelnden Blüten, die dicht gefüllt sind und rein rosarot blühen. Die kompakten Büsche sorgen vom Juni bis zum Herbst für Farbe im Garten und auf der Terrasse.

▲ **'Charmant'** gefällt nicht nur wegen ihrer rosafarbenen, gut gefüllten Blüten. Dieser Rosenwinzling duftet sogar leicht süßlich – eine für diese Rosengruppe sehr seltene Eigenschaft. Die Pflanze wird nur etwa 40 cm hoch. Es gibt nur wenige Zwergrosen, die sich in puncto Laubrobustheit mit dieser Sorte messen können.

► **'Cumba Meillandina'** kennzeichnen kleine, dicht gefüllte apricot-orangefarbene Blüten. Die Sorte wächst sehr kompakt und blüht verlässlich in einem außergewöhnlichen Farbton.

▲ **'Guletta'** ist schon ein richtiger »Sortenoldie« unter den Zwergrosen. Die schön kompakt wachsende Pflanze blüht ab Juni überreich. Besonders hübsch macht sich die gelb blühende Rose in Trögen und Kästen.

▼ **'Orange Meillandina'** ist mit ihrer orangeroten Leuchtkraft bis heute unerreicht. Die feurige Sorte blüht gefüllt und erreicht eine Höhe zwischen 30 und 40 cm. Besonders attraktiv als Stämmchen-Rose im Kübel.

► **'Pink Symphonie'** gilt als ein Meilenstein in der Zwergrosenzüchtung. Die rosafarbenen, stark gefüllten Blüten thronen auf einer etwa 40 cm hohen Pflanze. Sehr gute Sorte für Stämmchen mit 40 cm Kronenhöhe.

◄ **'Rosmarin '89'** blüht kräftig rosa. Die Blüten sind wie kleine Rosetten geformt. Der robuste Zwerg wird zwischen 30 und 40 cm hoch. Die Sorte eignet sich für eine Kultur in Kübeln und im Garten gleichermaßen.

▼ **'Zwergkönig '78'** wächst wie eine kleine Beetrose und erreicht etwa Kniehöhe. Die rot blühende, gut gefüllte Sorte empfiehlt sich auch als kleine Hecke, etwa um größere Beete blütenreich einzufassen.

◄ **'Sonnenkind'** bietet großen Rosengenuss auf kleinster Fläche. Die gelben, dicht gefüllten Blüten passen in Kübel aller Art. Auch im Garten und Steingarten setzt der Rosenzwerg auffallende Akzente.

Expertentipps

1 

2 

1 Pflegeleichte Balkonrosen

Zwergrosen sind in Balkonkästen meist sehr viel pflegeleichter als ausgepflanzt im Garten. Der Grund für die bessere Widerstandskraft ist rasch erklärt: Durch die geringere Erdoberfläche in den Kästen gelangen nur wenige der hartnäckigen Sternrußtausporen durch prasselnden Regen auf die Blätter der rosigen Däumlinge. Der Befallsdruck ist also deutlich geringer. Dies gilt auch für Zwergrosen auf Stämmchen. Zudem stehen Zwergrosen als Balkonrosen oder Stämmchen meist windumspielt in exponierter Lage. Anders im Garten: Eingepfercht in ein dichtes Beet, bleibt das Laub oft zu lange nass und bietet Pilzsporen ideale Keimbedingungen.

2 Wurzelechte Topfrosen

Innerhalb der Zwergrosen hat sich in den letzten Jahren eine besondere Rosengruppe etabliert: die wurzelechten Topfrosen. Ihre Vermehrung geschieht in Gewächshäusern in großen Stückzahlen durch Stecklinge. Es werden bis zu vier Stecklinge gleichzeitig in einen Topf gesteckt, sodass eine sehr dicht wachsende Rose entsteht, die mit Blüten übersät ist. Wurzelechte Topfrosen eignen sich für Balkonkästen mit begrenztem Platzangebot. Ohne Wurzelunterlage passen sie sogar in Kästen, die eigentlich für Geranien & Co. konzipiert wurden. Für sehr tiefe Kästen kommen auch veredelte Rosenstöcke mit ihren sparrigen Wurzelstöcken in die Auswahl. Die Frosthärte der stecklingsvermehrten Topfrosen ist limitiert. Nur ein akribischer Winterschutz bietet die Chance, die feintriebigen Rosenzwerge über die kalte Jahreszeit zu retten.

3 Topfrosen richtig wässern

Wurzelechte Topfrosen werden vor allem im Winter bis Muttertag millionenfach verkauft. Leider überleben nur wenige Pflanzen die nachfolgende Zimmerkultur. Damit die Pflanzen auch über die erste Blüte hinaus Freude machen, müssen sie vor allem richtig gewässert werden. Durch die Anzuchtkultur auf Tischen mit angestauter Bewässerung befinden sich die meisten Wurzeln im unteren Topfbereich. Wenn Sie Topfrosen kaufen, sollten Sie diese Bewässerungsmethode zu Hause nachahmen: Gießen Sie zunächst etwas Wasser in einen flachen Untersetzer, den Sie unter den Topf gestellt haben. Nach etwa zehn Minuten hat die Pflanze ihren Durst gestillt. Jetzt können Sie das überschüssige Wasser abschütten, damit keine Staunässe entsteht. Platzieren Sie Topfrosen nicht in die Nähe von Heizkörpern und wählen Sie einen möglichst kühlen, sonnigen Platz.

4 Topfrosen selbst vermehren

Schneiden Sie ab April Stecklinge von blühenden Topfrosen, damit die Stecklinge bis zum Winter genug Zeit haben, eine ansprechende Gestalt aufzubauen. Entfernen Sie von den 4–6 cm langen Stecklingen die untersten Blätter. Füllen Sie eine flache Schale mit lockerer, ungedüngter Pflanzerde. Stecken Sie die Stecklinge in die Erde und überspannen Sie die Schale mit einer Folie. Stellen Sie die Schale in einem hellen Raum auf. Nach acht Wochen haben die Stecklinge so viele Wurzeln gebildet, dass Sie sie aus dem Topf herausnehmen und in größere Gefäße umtopfen können. Während des Sommers entwickeln sich die Pflanzen am besten im Freien. Ab November können Sie sie wieder in die gute Stube bringen, wo die Zwerge dann ihre Blüte fortsetzen.

5 Dänemark – Land der Miniaturrosen

Wussten Sie, dass in Dänemark jährlich mehr als 40 Millionen wurzelechte Topfrosen heranwachsen? Damit ist Dänemark der Mittelpunkt der Zwergrosenwelt. In großen Gewächshausanlagen werden die Pflanzen vollautomatisiert vermehrt und getopft, auf mobilen Tischen dann über Anstauverfahren gewässert und gedüngt. Durch mehrmaliges Stutzen und Zurückschneiden entwickeln sich kompakte, buschige Rosenpflanzen. Aus den Schnittresten werden wiederum neue Stecklinge für die nächste Topfrosengeneration gewonnen. So entsteht ein Kreislauf, der die hohe Produktionsmenge und die günstigen Preise erklärt.

3

4

Edelrosen

Edelrosen – die Königinnen der Blumen

Das Charakteristische an Edelrosen sind ihre langen Stiele, auf denen große, wohlgeformte Einzelblüten thronen. Die Pflanzen erreichen Wuchshöhen von 60 bis 100 cm und eignen sich mit ihrer schlanken, hochgebauten Gestalt sehr gut für einen Vasenschnitt. Teehybriden – wie Edelrosen in Gärtnerkreisen auch genannt werden – sind für viele Gartenfreunde die Königinnen der Blumen schlechthin. Tatsächlich symbolisieren sie wie keine andere Rosengruppe das Edle der Rose.
Der Duft vieler Edelrosensorten ist die Krönung des Rosengenusses und unterstreicht ihre Beliebtheit. Leider stehen Edelrosen auch bei Schädlingen hoch im Kurs. Wählen Sie deshalb unbedingt robuste, winterharte Sorten, um dauerhaft Freude an Ihren Edelrosen zu haben.

▲ **'Aachener Dom'** ist eine kerngesunde Edelrose mit ledrigem, sehr robustem Laub. In kühleren Lagen färbt sich ihr Blütenrosa zum Blütenblattrand hin kontrastreich dunkelrosa bis rosarot aus. Leicht duftend. Ideale Rose für das Zusammenspiel mit Stauden.

► **'Ambiente'** gilt als eine der wenigen Teehybriden, die wenig Pflegearbeit verursachen. Die Vertreterin einer neuen Generation pflegeleichter Edelrosen blüht cremeweiß mit gelber Mitte und wächst auffallend dichtbuschig.

► **'Burgund '81'** zählt seit mehr als zwei Jahrzehnten zu den besten roten Edelrosen. Aus wohlgeformten Knospen öffnen sich gut gefüllte Blüten. Ein robuster Klassiker, dessen vornehme Blüten absolut regenfest sind. Passt gut zu weiß blühenden Stauden und Sommerblumen.

▼ **'Elina'** empfiehlt sich als widerstandsfähige, cremegelb blühende Edelrose, die als sehr pflegeleicht gilt. Viele internationale und nationale Auszeichnungen, darunter das ADR-Prädikat, sprechen für diese Sorte.

► **'Focus'** ist robust und wächst für eine Edelrose ungewöhnlich buschig und vieltriebig. Die lachsorangefarbenen, sehr edel geformten Blüten setzen auch Stämmchen im wahrsten Sinne des Wortes die Krone auf. Ideale Sorte für staudenreiche Rosenarrangements.

▲ **'Gloria Dei'** ist die berühmteste Edelrose der Welt und mit über 100 Millionen Pflanzen die meistverkaufte Gartenrose aller Zeiten. Ihre gelben Blüten ziert ein rötlicher Rand. Anspruchsloser Dauerblüher. Der Klassiker unter den Edelrosen ist auch für den Vasenschnitt sehr gut geeignet.

◄ **'Landora'** gilt als eine der bewährtesten und schönsten gelben Edelrosen. Sehr frosthart, was nur wenige Sorten dieser Farbgruppe von sich behaupten können. Die edel geformten Blüten duften leicht. Wegen der Langstieligkeit und Haltbarkeit der Blüten eine interessante Sorte für die private Rosenfloristik.

'**Nostalgie**' ist eine zweifarbige Edelrose. Mit ihren duftenden, cremeweiß-kirschfarbenen Blüten begeistert die robuste Sorte auch Gartenfreunde, die nicht ständig ihre Rosen verwöhnen können. Dank der guten Laubrobustheit auch für beetweise Anpflanzungen geeignet.

'**Sterntaler**' ist eine brandneue Edelrose des Rosenzüchters Kordes. Ihre geviertelten Duftblüten und die gute Blattgesundheit dürften ihr den Weg zur raschen Verbreitung in zahllosen Gärten ebnen.

'**Tea Time**' wurde als bisher einzige Sorte drei Jahre in Folge von den Besuchern der Blumeninsel Mainau zur Rosenkönigin gewählt. Eine blühfreudige Rosensorte, die einen auffallenden Kupfer-Orangeton mit gutem Duft verbindet. Eine züchterische Weiterentwicklung der berühmten Duftrose 'Whiskey'.

Expertentipps

1 Edelrosen für die Vase

Ihre Schnittrosen halten länger, wenn Sie einige Regeln beachten: Schneiden Sie Rosen, wenn sie ihre Blütenknospen leicht geöffnet haben. Stellen Sie die frisch geschnittenen Stiele sofort in einen Eimer, in den Sie zuvor handwarmes Wasser eingefüllt haben. Dieser Roseneimer steht vorzugsweise an einem schattigen, kühlen Platz. Entfernen Sie Stacheln und Blätter am Ende der Rosenstiele. Schneiden Sie mit einem scharfen Messer das Stielende schräg an. Verwenden Sie nur saubere Vasen. Stellen Sie mit frischen Rosen bestückte Vasen nie in die direkte Sonne oder Zugluft. Wechseln Sie das Wasser häufig, am besten täglich. Dabei werden die Stielenden immer wieder neu angeschnitten. Frischhaltemittel verlängern das Vasenleben der Rosen zusätzlich.

2 Pinzieren und Ausbrechen

Pinzieren nennt man das Entfernen eines Teiles der frischen Rosentriebe Mitte Mai. Das Pinzieren regt die Neutriebe der Edelrosen zu einer weiteren Verzweigung an, was die Buschigkeit der Pflanzen fördert. Zudem blühen die pinzierten Triebe verzögert. Der Zeitpunkt ihrer Blüte verschiebt sich um zwei bis drei Wochen im Verhältnis zu den ungeschittenen Trieben. Durch diesen Gärtnertrick verteilt sich die Blüte der Edelrosen insgesamt auf mehrere Wochen. Edelrosen entwickeln meist nur eine Hauptknospe pro Stiel. Einige Sorten neigen jedoch dazu, kleine Beiknospen zu entfalten. Brechen Sie diese Knospen aus, damit die Hauptknospe alle Nährstoffe bekommt und entsprechend größer wird.

3 Edelrosen selbst veredeln

Mit etwas Geschick können Sie Edelrosen selbst veredeln. Sie brauchen dazu eine wilde Rose als Veredlungsunterlage. Die beste Veredlungszeit ist der heiße Juli, wenn die Pflanzen voll im Saft stehen. Führen Sie mit einem scharfen Messer an der Unterlage den so genannten T-Schnitt aus. Mit der Klinge lösen Sie die Rinde um den T-Schnitt sorgsam und schieben die Knospe, die Sie von der edlen Muttersorte geschnitten haben, in den T-Schnitt ein. Verbinden Sie die Veredlungsstelle abschließend mit Bast. Schneiden Sie im nächsten Frühjahr den Wildtrieb auf Höhe des T-Balkens oberhalb der angewachsenen Mutterknospe sauber ab. Aus der Knospe entwickelt sich dann die neue Rose, die der Muttersorte entspricht.

4 Eine neue Generation von Edelrosen

Typisch für Edelrosen ist ihre hochbeinige Gestalt, die den Pflanzen einen lichten Charakter verleiht. Gepflanzt in kleinen Tuffs, mit Stauden als Vorpflanzung und von Ziersträuchern an der Seite begrenzt, fällt diese Hochbeinigkeit optisch nicht weiter ins Gewicht. Für eine Verwendung in Kübeln bieten sich viele Edelrosen aber nicht an. Hier wirken sie wie stachlige Kleiderständer. Deshalb arbeiten Rosenzüchter wie Reinhard Noack (Gütersloh) bereits seit Jahren an einer neuen Generation von dichtbuschigen, von unten belaubten Edelrosen, die auch im Einzelstand durch einen geschlossenen Laubmantel überzeugen. Noack-Sorten wie 'Ambiente' und 'Focus' sind also quasi Beetrosen mit einer Edelrosenblüte und stehen stellvertretend für diesen züchterischen Fortschritt.

5 Blaue und schwarze Rosen

Edelrosen bieten eine breite Farbenvielfalt. Einzig Blau und Schwarz fehlen. So wundert es nicht, dass Rosenzüchter immer wieder versuchen, diese Farblücke durch neue Züchtungen zu schließen. Gelungen ist es bis heute nicht. Alle angebotenen so genannten blauen und schwarzen Rosen sind lediglich Annäherungen an das gewünschte Ideal. Allenfalls die bunten Katalogbilder der Sorten entsprechen den begehrten Farbtönen. Nur mit viel gutem Willen kann man bestimmte Violetttöne als Blau und dunkelrote Rosen als schwarze bezeichnen. Um Enttäuschungen vorzubeugen, sollten Sie sich bei Interesse die gepriesenen Sorten als blühende Containerpflanzen in Gärtnereien vor dem Kauf in natura anschauen.

4

Stammrosen

Stammrosen – Blütenkaskaden auf Nasenhöhe

Für Stammrosen werden buschige Beet-, Zwerg- und Edelrosen auf verschiedene Stammhöhen veredelt. Fußstämme haben einen Kronenansatz von 40 cm Höhe. Auf Halbstämme mit einer Kronenhöhe von 60 cm werden meist Beet- und Flächenrosen veredelt. Der Klassiker unter den Stammrosen ist der Hochstamm, der auf 90 cm Höhe veredelt wird. Bei Kaskadenrosen beträgt die Veredlungshöhe für Kletter- und Ramblersorten 140 cm.

Rosenstämme kommen mit wenig Platz aus und zieren in Vorgärten und als Kübelrosen auf der Terrasse. Allen Stammrosen gemein ist die Zapfenschnittstelle unten am Stamm, die nichts mit der Veredlungsstelle niedriger Rosen zu tun hat. Die Zapfenstelle bleibt nach dem Pflanzen über dem Boden. Nachfolgend finden Sie Beschreibungen von Rosensorten, die sich gut als Krone auf Stämmen eignen. Weitere bewährte Sorten, die bereits an anderer Stelle in diesem Buch beschrieben wurden, sind z. B. 'Bonica', 'Duftwolke', 'Eden Rose', 'Friesia', 'Leonardo da Vinci', 'Schneewittchen' und 'The Fairy'.

'Ballerina' erinnert mit ihren zahlreichen kleinen, einfachen, rosaweißen Blüten an eine Wildrose. Im Unterschied zu ihren wilden Vorfahren blüht die robuste Flächenrose jedoch als Hochstamm sommerlang.

◄ **'Flammentanz'** ist ein einmalblühender, extrem frostharter Rambler. Die feuerroten, gefüllten Blüten der langtriebigen Kletterrose sorgen für flammende Kaskaden im Frühsommer. Auch als Kaskadenstamm eine faszinierende Erscheinung mit wochenlanger Blütezeit.

◄ **'Gärtnerfreude'** blüht himbeerrot, ohne zu verblauen. Die Flächenrose darf sich aufgrund ihrer Robustheit mit dem begehrten ADR-Prädikat schmücken. Eine Neuheit für Hochstämme mit guten Zukunftsperspektiven.

► **'Goldelse'** erregt mit ihren kupfergelben, orangefarbenen Blüten Aufsehen. Die kompakte Beetrose ist besonders geeignet für Halb- und Hochstämme. Das Laub ist sattgrün und robust.

▼ **'Marie Curie'** gefällt als duftende Beetrose auf Halb- und Hochstämmen. Die kupferfarbenen bis goldbraunen Blüten sind ein wahrer Augenschmaus, der auch in formschönen Kübeln überzeugt.

◄ **'Raubritter'** gilt als mehltauempfindlich, dennoch ist die Fangemeinde der fontänenartigen Blütenbälle in Rosa unverändert groß. Gönnen Sie der einmalblühenden Strauchrose einen luftigen Standort.

▲ **'Red Leonardo da Vinci'** verführt mit dunkelroten Nostalgieblüten, die bereits im Frühsommer erscheinen. Die duftende Strauchrose passt auf Hochstämme, denen sie ihre traumhafte Blütenkrone aufsetzt.

▲ **'Super Excelsa'** gehört zu den wenigen Ramblerrosen, die öfter blühen. Die gesunde ADR-Rose ist für üppig blühende Hoch- und Kaskadenstämme prädestiniert.

◄ **'Swany'** ist ein Traum in Weiß. Die gefüllten Blüten der überhängend wachsenden Flächenrose erscheinen in großer Zahl vom Juni bis zum Spätsommer. Empfindlich gegenüber Sternrußtau, deshalb auf guten Standort achten.

Expertentipps

1 Kübelstämme unterpflanzen

Rosenstämme sind exquisite Kübelpflanzen. Wählen Sie aber in jedem Fall einen ausreichend großen Topf, damit sich die Rosenwurzeln frei entfalten können. Behalten Sie die gewünschte Kübelgröße beim Einkauf der Stämme mit im Auge. Meist reichen Halbstämme, um in einem hohen Gefäß die Rosenkronen auf die richtige Augen- und Nasenhöhe zu bringen. Unterpflanzen Sie Ihre Kübelstämme unbedingt mit geeigneten Stauden und Sommerblumen. Zart wachsendes Bergbohnenkraut *(Satureja montana)* etwa passt hervorragend. Auch Lobelien oder bodendeckend wachsende Glockenblumenarten (z. B. *Campanula portenschlagiana)* sind schmucke Rosenkavaliere. Stärker wachsende Stauden sollten Sie nur mit ihren Töpfen einpflanzen. Die Staudentöpfe wirken dann wie eine Wurzelsperre und die Rosenwurzeln bleiben ungestört.

2

1

2 Wind- und standfeste Stammrosen

Prüfen Sie regelmäßig die Befestigungsstellen der Stämme an den Pfählen, damit es bei starkem Wind zu keinen Scheuerstellen am Stamm oder gar zu Brüchen kommt. Wenn Sie Stammrosen in Kübeln kultivieren, achten Sie auf möglichst standfeste Kübelformen. Stammrosen in Kübeln sind durch ihre blütenbeladenen Kronen besonders durch Wind gefährdet. Bewährt haben sich Gefäße mit dicker Bodenwulst. Wählen Sie zudem ausreichend dimensionierte Gefäße, die durch ihr Eigengewicht für eine zusätzliche Verankerung sorgen. Ton- und Steingefäße sind wesentlich schwerer als Kunststoffbehältnisse und daher eine Empfehlung für Stammrosen.

3 Raumwunder Stammrose

Wie keine andere Rosengruppe bieten Stammrosen auf kleinster Fläche üppige Rosenfülle. Sogar an einer Hauswand, die ohne Vorgarten direkt am Bürgersteig liegt, versagen sie nicht. Dort, wo eigentlich kaum eine dauerhafte Bepflanzung möglich scheint, verlangen Hochstammrosen lediglich nach einer tiefgründigen Pflanzstelle. Pflanzlöcher im Format 30 x 30 cm genügen, wenn die Rose ihre Wurzeln in tiefere, Feuchtigkeit führende Bodenschichten absenken kann. Wichtig ist natürlich auch ein sonniger Standort. An der Nordseite eines Hauses funktioniert die Rose nicht. Für lichtarme Standorte empfiehlt sich aber die Kletter-Hortensie *(Hydrangea petiolaris)*.

4 Geschützter Standort für Duftsorten

Viele Stammrosen sind wohlriechende Duftpflanzen. Ab Juni beginnt die Hochsaison der Parfümrosen. Und die Duftzeit reicht bei den öfterblühenden Gartenrosen bis in den Herbst hinein. Dabei ist Duft nicht gleich Duft. Rosen bieten eine Fülle unterschiedlicher Duftnoten. Es finden sich fruchtige oder grasige Nuancen, Duft nach Anis, Apfel oder Zitrone. Nicht ohne Grund ist die Rose eine wichtige Lieferantin wertvoller Essenzen für luxuriöse Parfüme. Duftintensität und Duftnote können in Abhängigkeit von der Tageszeit und vom Standort der Rose variieren. Ein windgeschützter Platz im Garten, beispielsweise hinter einer Hecke oder Mauer, steigert Ihr persönliches Dufterlebnis.

5 Wildtriebe am Stamm entfernen

Rosenstämme bestehen aus einer Wildlingsunterlage, in diesem Fall einem Wildstamm, und der edlen Stammkrone. Die so genannte Veredlungsstelle als wulstartige Verdickung zwischen dem Stamm und den grünen Rosentrieben sitzt also in luftiger Höhe, entsprechend der jeweiligen Stammkategorie 40, 60, 90 oder 140 cm hoch. Deshalb brauchen Stammrosen auch einen besonderen Winterschutz für die Veredlungsstelle. Zudem können aus dem Wildstamm so genannte Wildtriebe herauswachsen. Entfernen Sie Wildtriebe mit einem scharfen Messer direkt an der Ansatzstelle am Stamm. Lassen Sie keine Triebstummeln, so genannte Kleiderhaken, stehen, denn aus ihnen wachsen neue Wildtriebe, die mit der Edelkrone um Nährstoffe konkurrieren.

3

Die häufigsten Schädlinge und Krankheiten

▲ Marienkäfer sind nützliche Blattlausjäger, die den Plagegeistern im April und Mai Paroli bieten.

▲ Rosenzikaden treten oft an Kletterrosen auf, die an trockenen Ziegelsteinmauern emporwachsen.

► Gegen die Blattrollwespe hilft nur das Absammeln der befallenen Blätter.

Rosenschädlinge

Rosenblattlaus

Schadbild: Grüne Läuse saugen an den weichen Enden der jungen Rosentriebe. Ab April kann es mit steigender Wärme zu einem Massenbefall kommen. Die Läuse sitzen dann dicht an dicht und überziehen Knospen und Blätter mit ihren Kolonien. Ab Juni, wenn die Rosentriebe verholzen, verschwinden die Läuse meist genauso rasch, wie sie gekommen sind.
Vorbeugung: Nützlinge fördern (Nützlingswiese, Vogelschutz, Insektennisthilfen). Eine übertriebene Stickstoffdüngung fördert mastige, weiche, stark wasserhaltige Triebe, die leicht von den Läusen angestochen werden können. Sorgen Sie daher für eine ausgewogene Düngung. Trockenstress begünstigt ebenfalls den Lausbefall. Vermeiden Sie daher längere Trockenperioden, in denen nicht gegossen wird.
Bekämpfung: Kleinere Mengen mit den Fingerspitzen zerdrücken oder mit einem Wasserstrahl abspritzen, am besten morgens, damit das nasse Rosenlaub rasch abtrocknen kann. Größere Mengen ab Mitte April bis Anfang Juni mit Präparaten wie Neudosan, Schädlingsfrei Naturen, Schädlingsfrei Neem, Rosenpflaster, Provado, Parexan-Plus, Pyreth Naturinsektizid und Spruzit Neu bekämpfen.

Rosenzikade

Schadbild: Grünlich weiße, lausähnliche Insekten saugen an der Blattunterseite und verursachen auf der Oberseite eine weißliche Sprenklung. Häufig bei Kletterrosen.
Vorbeugung: Trockene, heiße Standorte meiden.
Bekämpfung: Bei Befallsbeginn ab Anfang Juni bekämpfen; am besten in den frühen Morgenstunden, wenn die Insekten noch wenig beweglich sind. Mögliche Mittel sind Neudosan, Schädlingsfrei Naturen, Provado, Parexan-Plus, Pyreth Naturinsektizid und Spruzit Neu.

Rosenblattrollwespe

Schadbild: Klassischer Rosenschädling, der durch seine Eiablage am Blattrand ein Einrollen der Rosenblätter verursacht.
Bekämpfung: Eine Bekämpfung mit Pflanzenschutzmitteln ist z. Zt. nicht möglich und auch nicht sinnvoll. Meist handelt es sich nur um einige eingerollte Blätter, deren Verlust der Pflanze nicht schadet. Befallene Blätter sofort entfernen

Vom Triebbohrer befallene Triebe abschneiden und vernichten.

und vernichten. Die Larven sitzen bis Juli in den Blattröllchen und können in dieser Zeit abgesammelt werden.

Rosentriebbohrer

Schadbild: Typisch ist das plötzliche Welken der frischen Triebenden. In den Trieben sind die Fraßgänge gut zu erkennen. Meist sitzt eine Raupe in den Gängen, die sich entweder nach oben oder nach unten frisst.

Bekämpfung: Befallsstellen bis ins gesunde Holz ausschneiden. Eine Bekämpfung mit Pflanzenschutzmitteln ist z. Zt. nicht möglich.

Spinnmilben

Schadbild: Spinnmilben sind winzige Tierchen und sehr leicht an ihrem feinen Gespinst zu erkennen. Die Insekten saugen an der Blattunterseite. In der Folge färben sich die Blätter braungelb und fallen schließlich ab.

Vorbeugung: Meiden Sie heiße, extrem lufttrockene Standort. Dies gilt vor allem für Kübelrosen, die beispielsweise unter einem Vordach stehen. Abgefallenes Laub und Unkräuter beseitigen, kalibetont düngen.

Bekämpfung: Mit Neudosan, Schädlingsfrei Naturen, Schädlingsfrei Neem, Parexan-Plus, Pyreth Naturinsektizid oder Spruzit Neu bei Befallsbeginn Anfang Mai bis Anfang September spritzen.

Krankheiten

Echter Rosenmehltau

Schadbild: Blattoberseiten, Blütenkelche und frische Triebspitzen sind mit einem mehligen, weißen, abwischbaren Belag überzogen. Die befallenen Blätter kräuseln sich und verfärben sich rötlich. Echter Rosenmehltau tritt vor allem bei schwülwarmer Witterung auf.

Vorbeugung: Robuste Sorten wählen, kalibetont düngen, windumspielten Standort wählen, Befallsstellen ausschneiden, um weitere Ausbreitung zu verhindern.

Bekämpfung: Bei Befall von Mitte April bis Mitte Juli mehrmals im Turnus von 14 Tagen mit Baymat WG, Bio Blatt-Mehltaumittel, Celaflor Pilzfrei Ectivo, Cueva Pilzschutz oder Rosenspray Saprol F spritzen.

Sternrußtau

Schadbild: Typisch sind strahlenförmig auslaufende schwarze Flecken auf den Blättern. Das Laub verfärbt sich nach einiger Zeit gelb und fällt schließlich ab. Hauptbefallszeit ist der Spätsommer bis zum Herbst. Vor allem in niederschlagsreichen Jahren kann Sternrußtau bei empfindlichen Sorten zum kompletten Laubverlust führen. Derartig stark befallene Rosen sind in ihrer Blühfreude, Frosthärte, ja sogar Existenz gefährdet.

Spinnmilben tauchen vor allem bei Kübelrosen auf, die unter Vordächern lufttrocken stehen.

Durst und Hunger verstärken die Anfälligkeit von Rosensorten für Rosenmehltau.

Sternrußtau kann bereits Anfang Juli zu einem totalen Laubverlust führen. Stark befallene Rosen sind in ihrer Existenz bedroht. Wählen Sie deshalb gesunde, robuste Sorten

Vorbeugung: Wählen Sie robuste Sorten, beispielsweise ADR-Rosen. Rosen niemals über das Laub wässern. Befallenes Laub einsammeln und über den Hausmüll entsorgen.
Bekämpfung: In Frage kommen Baymat WG, Celaflor Pilzfrei Ectivo, Cueva Pilzschutz, Euparen MWG oder Rosenspray Saprol F bei Befallsbeginn ab Mitte April bis Mitte Juli mehrmals im Turnus von 14 Tagen spritzen.

▲ Vor allem auf lehmigen Standorten trifft man auf mit Rost befallene Blätter.

Rosenrost

Schadbild: Auf der Blattunterseite finden sich im Frühjahr und Sommer orange-rostfarbene, stecknadelkopfgroße Sporenlager, die bei Berührung stäuben.
Vorbeugung: Tritt besonders auf lehmigen Standorten auf. Robuste Sorten wählen. Befallenes Laub einsammeln und beseitigen.
Bekämpfung: Bei Befallsbeginn Mitte April bis Mitte Juli mehrmals im Turnus von 14 Tagen mit Baymat WG, Celaflor Pilzfrei Ectivo, Compo Ortiva Rosen Pilzschutz, Cueva Pilzschutz, Euparen MWG, Fungisan Rosen Pilzfrei, Rosen Pilz Frei Boccacio, Rosenpilzfrei Rospin, Rosen-Pilzfrei Saprol oder Rosenspray Saprol F spritzen.

Falscher Mehltau

Schadbild: Im Gegensatz zum Echten Rosenmehltau findet sich ein gräulicher Schimmelrasen auf der Blattunterseite. Charakteristisch sind dunkle Flecken auf der Blattoberseite. Befallenes Laub welkt und fällt schließlich ab.
Vorbeugung: Tritt vor allem im August und September auf, wenn die Tag- und Nachttemperaturen größeren Schwankungen ausgesetzt sind. Es bildet sich Kondenswasser, das sich auf den Blättern absetzt und die Ausbreitung des Pilzes begünstigt.
Bekämpfung: Befallsstellen ausschneiden, befallenes Laub beseitigen, kalibetont düngen. Bei Befallsbeginn Mitte April bis Mitte Juli mehrmals im Turnus von 14 Tagen mit Kupferkalk Atempo oder Cupravit Kupferkalk spritzen; Nebenwirkung von z. B. Fungisan Rosen Pilzfrei und Euparen MWG nutzen.

▼ Der Falsche Mehltau tritt vor allem bei starken Tag-und-Nacht-Temperaturschwankungen auf.

Bezugsquellen

Adressen von Rosenschulen mit Postversand und eigenem Katalog

Deutschland

BKN Strobel über:
Rosarot Pflanzenversand
Gerd Hartung
Besenbek 4b
25335 Raa-Besenbek
Tel.: 0 41 21 / 42 38 84
www.rosarot-pflanzenversand.de

Rosen Gönewein
Steinfurther Hauptstraße 1–5
61231 Bad Nauheim/Steinfurth
Tel.: 0 60 32 / 8 51 81
www.rosen-goenewein.de

Rosen Jensen
Am Schlosspark 2b
24960 Glücksburg
Tel.: 0 46 31 / 6 01 00
www.rosen-jensen.de

Rosengärtnerei Kalbus
Hagenhausener Hauptstr. 112
90518 Altdorf
Tel.: 0 91 87 / 57 29
www.rosen-kalbus.de

W. Kordes' Söhne
Rosenstraße 54
25365 Klein Offenseth-Sparrieshoop
Tel.: 0 41 21 / 4 87 00
www.gartenrosen.de

Werner Noack
Im Waterkamp 12
33334 Gütersloh
Tel.: 0 52 41 / 2 01 87

Rosen-Union
Steinfurther Hauptstraße 25
61231 Bad Nauheim-Steinfurth
www.rosen-union.de
Tel.: 0 60 32 / 96 53 01

Walter Schultheis
Bad Nauheimer Straße 3–7
61231 Bad Nauheim-Steinfurth
Tel.: 0 60 32 / 8 10 13
www.rosenhof-schultheis.de

Rosen-Tantau
Tornescher Weg 13
25436 Uetersen
Tel.: 0 41 22 / 70 84
www.rosen-tantau.com

Österreich

Grumer Rosen
Raasdorfer Str. 28–30
A-2285 Leopoldsdorf
Tel.: 0 22 16 / 22 23
www.grumer.at

Gärtner Starkl
Baumschulen
A-3430 Frauenhofen/Tulln
Tel.: 0 22 72 / 6 42 42
www.gaertner-starkl.at

Schweiz

Hauenstein aG
Landstr. 42
CH-8197 Rafz ZH
Tel.: 0 44 / 8 79 / 11 22
www.hauenstein-rafz.ch

Richard Huber AG
Rothenbühl 8
CH-5605 Dottikon AG
Tel.: 0 56 / 6 24 / 18 27
www.rosen-huber.ch

England

Peter Beales Roses
London Road
Attleborough
GB-Norfolk NR 17 1 AY
Tel.: 0 19 53 / 45 47 07
www.classicroses.co.uk

David Austin Roses
Bowling Green Lane
Albrighton
GB-Wolverhampton,
WV7 3 HB
Tel.: 0 19 02 / 37 63 71
www.davidaustinroses.com

Adressen

Verein Deutscher Rosenfreunde
Waldseestr. 14
76532 Baden-Baden,
Tel.: 0 72 21 / 3 13 02
www.rosenfreunde.de

Regional ist der VDR in Freundeskreisen organisiert. Dort finden in geselliger Runde Vorträge statt, werden Reisen geplant. Des Weiteren können Mitglieder am jährlich stattfindenden Rosenkongress oder an anderen Aktivitäten wie Rosenschnittkursen u. Ä. teilnehmen.

Schweiz

Gesellschaft Schweizer Rosenfreunde
Schlossbergstr. 23
CH-8220 Wädenswil
www.rosenfreunde.ch

Österreich

Österreichische Rosenfreunde in der Österreichischen Gartenbau-Gesellschaft
Parking 12
A-1010 Wien

Informationen zu Rosengärten unter: www.welt-der-rosen.de

Stichwortverzeichnis

Seitenzahlen mit * verweisen auf Abbildungen

Bildnachweis

Baumjohann: 12o, 17, 30, 138ul, 139ol
Bieker: 1, 22, 50/51, 52, 58/59, 69u, 70ur, 74/75, 90/91, 98/99, 105u, 106/107, 108r, 119o, 122/123, 127m, 133u
BKN Strobel: 71ul, 93ur, 134ur
Borstell: 2/3, 6/7, 11u, 14, 53ur, 54o, 55m, 56o, 56u, 60, 60/61, 62o, 63u, 65l, 65m, 68, 71ur, 78or, 79ur, 82o, 86o, 86r, 87l, 88u, 92, 93or, 94ul, 95m, 96r, 109m, 111m, 113o, 113ul, 118u, 119ur, 126o, 129, 130/131, 132, 134ul, 135or, 135u
Lacon: 78u
Noack-Rosen: 43m, 101o, 102o, 124u
Pforr: 42ol, 53ul, 54ul, 63or, 76/Einkl., 81u, 86l, 87r, 97ul, 121o, 139or
Reinhard: 21, 33, 40l, 62ur, 70o, 71ol, 73u, 84, 89o, 95o, 102ul, 108l, 109u, 111u, 112, 118or, 119ul, 125or, 126u, 127o, 127u, 133o, 134o, 136r
Romeis: 55o, 66/67, 82/83, 136l
Rosen Tantau: 94ur
Seidl: 8u, 36, 38o, 43u, 44u, 44o, 45u, 53o, 54ur, 70ul, 79o, 85l, 93l, 95u, 100u, 101u, 103o, 124o, 125l, 138ur, 139mr, 139u, 140u
Strauß: 27r, 120o
Alle anderen Fotos von Robert Markley
Grafiken: Heidi Janiček

Der zuverlässige Gartenberater

BLV Bücher bieten mehr:

- mehr Wissen
- mehr Erfahrung
- mehr Innovation
- mehr Praxisnutzen
- mehr Qualität

Denn 60 Jahre Ratgeber-Kompetenz sind nicht zu schlagen!

Dass Sie sich gut beraten fühlen – das ist unser Ziel. Falls Sie Fragen und/oder Anregungen haben, schreiben Sie uns bitte:

BLV BUCHVERLAG GMBH & CO. KG
Lektorat · Lothstaße 19
80707 München

MEHR ERLESEN!

Bibliografische Information Der Deutschen Bibliothek

Die Deutsche Bibliothek verzeichnet diese Publikation in der Deutschen Nationalbibliografie;
detaillierte bibliografische Daten sind im Internet
über http://dnb.ddb.de abrufbar.

Umschlaggestaltung: Anja Masuch, Puchheim bei München

Layoutkonzept Innenteil: fuchs_design, Ottobrunn

Umschlagfotos: Vorderseite: Reinhard, Rückseite: Borstell (beide)

Das Werk einschließlich aller seiner Teile ist urheberrechtlich geschützt. Jede Verwertung außerhalb der engen Grenzen des Urheberrechtsgesetzes ist ohne Zustimmung des Verlags unzulässig und strafbar. Das gilt insbesondere für Vervielfältigungen, Übersetzungen, Mikroverfilmungen und die Einspeicherung und Verarbeitung in elektronischen Systemen.

BLV Buchverlag GmbH & Co. KG
80797 München

© 2006 BLV Buchverlag GmbH & Co. KG, München

Lektorat: Dr. Thomas Hagen, Dr. Eva Dempewolf

Herstellung: Hermann Maxant

Layout: Anton Walter, Gundelfingen
DTP: agentur walter, Gundelfingen

Printed in Germany

ISBN 10: 3-8354-0031-2
ISBN 13: 9-783-8354-0031-3

Alles rund um die Rose

Ute Bauer / Ursel Borstell
Alte Rosen
Wuchsformen für jede Gartensituation, Farbkombinationen, Stil- und Themenvariationen; die 160 schönsten Sorten im Porträt – mit neuen romantischen Züchtungen, Pflege.
ISBN 3-405-16713-2

David Austin
David Austin's Englische Rosen
Schon beim Durchblättern ein Genuss – das Geschenkbuch für Garten- und Rosenfreunde: die einzigartige Dokumentation von David Austin, dem Züchter der Englischen Rosen, über alle seine bezaubernden Kreationen.
ISBN 3-405-16967-4

Robert Markley
Rosen – Der Praxis-Ratgeber
Die 150 besten Rosen in ausführlichen Porträts; Gartengestaltung mit Rosen, Kombinationsmöglichkeiten mit anderen Pflanzen; Pflege, Schnitt, Winterschutz, Pflanzenschutz.
ISBN 3-405-16491-5

Ute Bauer
Rosen · Rosen · Rosen
Garantierte Blütenpracht durch die richtige Sortenwahl: die besten Einsteiger-Rosen im Porträt – alle verlässlich, pflegeleicht und überall erhältlich; Einkauf, Standort, Pflanzen, Pflegen, Winterschutz, Kombinationsmöglichkeiten mit anderen Pflanzen.
ISBN 3-405-16763-9

Robert Markley
Die BLV Rosen-Enzyklopädie
Die »Rosen-Bibel« – jetzt völlig neu mit stark erweitertem Rosensortiment und aktuellen Sortenempfehlungen; die Geschichte der Rose, Botanik und Eigenschaften, Verwendung, Gestaltungsbeispiele, Pflanzung und Pflege, die besten Arten und Sorten.
ISBN 3-405-16676-4

Im BLV Buchverlag finden Sie Bücher zu den Themen: Garten und Zimmerpflanzen • Natur • Heimtiere • Jagd und Angeln • Pferde und Reiten • Sport und Fitness • Wandern und Alpinismus • Essen und Trinken

Ausführliche Informationen erhalten Sie bei:
BLV Buchverlag GmbH & Co. KG
Postfach 40 02 20 • 80702 München
Telefon 089/12705-0 • Fax -543 • www.blv.de